清末民初外國在華銀行交涉檔案

QINGMO MINCHU WAIGUO ZAIHUA YINHANG JIAOSHE DANG'AN

《清末民初外國在華銀行交涉檔案》編寫組 編

1

廣西師範大學出版社
·桂林·

出版統籌：湯文輝
出 品 人：喬祥飛
特約編輯：Carol T.
責任編輯：陳顯英
助理編輯：劉一江
責任校對：劉艷艷
責任技編：王增元
書籍設計：常晋一

圖書在版編目（CIP）數據

清末民初外國在華銀行交涉檔案：全2冊 /《清末民初外國在華銀行交涉檔案》編寫組編. -- 影印本. -- 桂林：廣西師範大學出版社，2023.6
ISBN 978-7-5598-6026-2

Ⅰ. ①清… Ⅱ. ①清… Ⅲ. ①銀行史－檔案資料－匯編－中國－近代 Ⅳ. ①F832.96

中國國家版本館 CIP 數據核字（2023）第 089651 號

廣西師範大學出版社出版發行

（廣西桂林市五里店路9號　郵政編碼：541004）
（網址：http://www.bbtpress.com）
出版人：黄軒莊
全國新華書店經銷
三河弘翰印務有限公司印刷
（河北省三河市黃土莊鎮二百户村北　郵政編碼：065200）
開本：787 mm × 1 092 mm　1/16
印張：64.25　　字數：1 028 千
2023 年 6 月第 1 版　　2023 年 6 月第 1 次印刷
定價：2000.00 元（全 2 冊）

如發現印裝質量問題，影響閱讀，請與出版社發行部門聯繫調換。

出版說明

清末民初,外國列強為了擴大在華利益,紛紛在中國開設銀行總行和各地分行,搶占中國金融市場。特別是甲午戰敗之後,清政府難以償還對日的巨額賠款,財政狀況日益困難,因此不得不向外國銀行借款。這些外國銀行通過向清政府貸款,把不平等合同強加給中國,借此獲取了對華財政金融和交通運輸等方面的廣泛控制力⋯⋯在這種情況下,中國的政治經濟進一步半殖民地化,這便是近代外國銀行機構在華成立和發展的背景。

本書收錄清光緒二十二年（一八九六）至民國八年（一九一九）外國在華銀行因諸項事宜與中國政府進行交涉之官方檔案,凡八種,以收發文時間為序,包括清政府各機構、官員與外國來往之函、電、文、照會等文件,內容詳實可靠,具有很高的史料價值。

本書所收檔案的內容主要涉及銀行機構的設立、銀行業務糾紛和德國德華銀行清理三個部分:

一、外國在華設立銀行機構。一八九六年華俄道勝銀行在上海成立分行；日本創設中國興業銀行,專門貸資華商興辦實業；德國德華銀行在天津、漢口、廣州、濟南等地設立支行等。

二、外國在華銀行業務交涉。如商業借貸、本息款結算代收、放款辦理、政府貸款、法國東方匯理銀行追索商欠、籌還俄法借款等。

三、德國德華銀行清理。涉及押收濟南德華銀行,保管、變賣德華銀行房產,華人索取德華銀行欠款,

1

德俘德商德華銀行存款事宜，德僑各銀行提款，敵僑透支巨款，禮和洋行債權債務關係，寄存德華銀行物件，拍賣敵產等。

本書所收八種外國在華銀行交涉官方檔案，從多個側面記錄了清末民初外國在華銀行的設立、資本投放、存款借貸、在華特權等方面的狀況，反映了中國金融主權在近代遭受侵略的歷史，是研究中國金融史、外交史的珍貴資料。

廣西師範大學出版社北京文獻出版中心
二〇二三年六月

總目錄

第一冊

議設官銀行案 光緒二十二年（一八九六）……1

日本創設興業銀行案 一九一三至一九一四年……19

東方匯理銀行請追商欠案 一九一三至一九一五年……87

清理使館界內德華銀行交涉案 一九一七至一九一九年……343

第二冊

清理天津德華銀行案 一九一七至一九一九年……1

清理漢口德華銀行案 一九一七至一九一九年……281

清理廣州德華銀行案 一九一七至一九一九年……327

清理濟南德華銀行案 一九一七至一九一八年……413

第一冊目錄

議設官銀行案 光緒二十二年（一八九六）……1

日本創設興業銀行案 一九一三至
一九一四年…………19

東方匯理銀行請追商欠案 一九一三至
一九一五年…………87

清理使館界內德華銀行交涉案 一九一七至
一九一九年…………343

押收德華京行…………349

派丁家立保管德華銀行房屋…………373

華人索欠案…………399

津浦川粵漢關係德華存款…………421

德俘德商存款…………431

和公使抗議…………485

議設官銀行案

欽命總理各國事務衙門清檔

議設官銀行

目錄

光緒二十二年

四月初十日發江海關道黃祖絡電信一件
　俄華銀行交款候與總行說明統為結算由

四月初十日發出使大臣許景澄電信一件
　俄華銀行收息款所盈請與總行理論由

四月十一日發戶部片文一件

四月十一日發江海關道黃祖絡電信一件

俄華銀行代收息款本衙門發江海關道許大臣電抄送查照由

四月十四日收出使大臣許景澄文一件

俄詢華息款買價情形速電復由

四月十六日發戶部片文一件

俄華道勝銀行名目由

四月十七日發南洋大臣劉坤一文一件

據許大臣文稱華俄道勝銀行在上海開設分行名目轉行存案由

許大臣文稱華俄道勝銀行在上海開設全行查照由

四月十九日發江海關道黃祖絡電信一件
　俄華洋行佛
　郎時價由

四月十九日發戶部片文一件
　抄送十一發上
　海道電報由

四月二十日發戶部片文一件
　抄送發上海道電
　商論佛郎價值由

四月二十二日發戶部片文一件
　同上
　由

四月初十日致江海關道黃祖絡電𢱭

又致出使大臣許景澄電𢱭 均見發
電簿

四月十一日行戶部片稱所有俄華銀行代收息款一事本衙門於四月初十日發江海關道出使許大臣電各一件相應鈔送貴部查照可也

四月十一日致江海關道黃祖絡電玉 見發
電簿

四月十四日出使大臣許　文稱竊照俄法借款案內應付第二次息款等項業據原借銀號請交上海俄華銀行代行收滙於本年正月三十日咨請察核轉咨在案兹據森彼德堡各國商務銀號會董轉送到該銀行華文告白內稱本銀行蒙國家批准在俄京開設總行名曰華俄道勝銀行辦理銀行應辦諸事並於上海開設分行即前法蘭西銀行原底本行經理人璞科第威爾德恩斯璐代

理人宣郎培須本行經理人或代理人中有
二人畫押為憑等情據此查前咨但就洋文
譯稱俄華銀行現據銀號會董知照前來相
應將華俄道勝銀行名目咨呈貴衙門謹請
查照轉咨戶部存案

四月十七日行戶部文稱本年四月十四日准出使許大臣文稱俄法借款案內應付第二次息款等項業據原借銀號請交上海俄華銀行代行收滙茲據森彼德堡各國商務銀號會董轉送到該銀行華文告白內稱本銀行蒙國家批准在俄京開設總行名曰華俄道勝銀行辦理銀行應辦諸事並於上海開設分行即前法蘭西銀行原底本行經理人璞科第威爾德恩斯璐代理人宣郎培須本

行經理人或代理人中有二人畫押為憑等情據此知照前來相應將華俄道勝銀行在上海開設分行名目咨明貴部查照存案可也

同日行南洋大臣

四月十九日致江海關道黃祖絡電玉見發電簿

四月十九日行戶部片稱所有籌還俄法借款第二期本息一事十一由本署發上海道電一件相應鈔送貴部查照可也

四月二十日行戶部片稱所有交還俄華銀行本息一事本衙門於本日發上海道電一件相應錄送貴部查照可也

四月二十二日行戶部片稱本月二十一日本衙門發上海道電一件相應抄送貴部備查可也

日本創設興業銀行案

國民政府接收前交案
卷外部收

第九五六號

日本創設興業銀行 案

中華民國二年六月起
三十二年止

實字九十三號 抄檔

日本創議合辦中國興業公司疊經駐日本代表及孫李兩顧問電告組織詳情由大總統核定贊成旋由部電駐日代表如實知照日外部亂黨運動合辦實業政府概不承認嗣日本澁澤男爵允同前外務省次長倉知君來京另商實業各事倉知如期而至澁澤則因病至次年夏日始行來華由

通商司廳　實業科　實業門　類原司股

共收文十四件共發文六件附十一件計錄一件

民國四年七月八日繕竣

送司廳

文 別 筆		由	收發日期	原編號數	閱者記
收駐日本註代表查壹件		日本議設中國興業公司祕先由代表入手專資華商與新實業希望察承	貳年六月肆日	字 號	
發公府秘書廳函壹件		日本議設中國興業公司事照錄注代表來電希轉善核示由	貳年六月廿五日	通字一二八號	
收公府秘書廳函壹件		日本議設中國興業公司事已呈大總統核定代擬復電壹件送所由	貳年六月廿五日	地字六四四號	
附抄電稿壹件		由	貳年 月 日	字 號	
發駐日本註代表查壹件		希將組織中國興業公司詳情電復由	貳年六月廿六日	通字一二三號	
收駐日本註代表函壹件		錄送李音電郵原稿由	貳年七月二日	地字六六三號	
附抄李兩顧問往米電稿壹件		由	二年 月 日	字 號	
收未電		報告兩國聯絡感情與聯實業各情由	貳年七月十日	地字七○七號	
收公府抄交孫顧問壹件		報告大總統與汪代表孫中國實業各情由	貳年七月卅日	地字七二五號	
發國務院函壹件		抄送孫顧問往米寓電希查 照由	貳年 月 日	字 號	
附抄往米電稿二件			年 月 日	字 號	

校對 程華銘

發駐日本馬代辦電一件	希向日政府聲明亂党運動合辦內地寔業政府概不承認由	二年十月十九日	字號
收駐日本馬代辦電一件	已將亂党運動合辦寔業政所不承認一節轉知日外部 由	二年十月廿一日	字號
收駐日本馬代辦電一件	政府逕將亂党運動合辦寔業一節與外部問答情形由	二年十一月三日	地字一一九五三號
收駐日本馬代辦電一件	日本澁澤男爵擬攜前外部次長倉知君同赴北京商辦寔業由	二年十一月八日	地字一二一八六號
發熊總理玉一件	抄送馬代辦來電 由	二年十一月八日	通字一九五七號
收駐日本馬代辦電一件	報告倉知君起程及到京日期由	二年十一月廿二日	地字一二八四九號
發工商部公函一件	抄送駐日本馬代辦來電希查閱	二年十一月廿三日	通字二○五五號
發熊總理公函一件	日本倉知君二十七日約可到京	二年十一月廿五日	通字二○八○號
收熊總理公函一件	因已政玉澁澤男爵有惠來筆商辦寔業公司請商訂示復 由	三年三月三日	字號
附日本馬代辦答一件			
收駐日本陸公使電一件	寔業公司在東開董事會議情形希轉達農商部楊各城 由	三年四月三日	字號
		本電已抄送農商部楊各城	

收駐日本陸公使函一件 報告瀧澤男爵起程赴華	由	三年四月廿日	字 號
收駐日本陸公使函一件 日期氣當合處照料	由	三年 月 日	字 號
收駐日本陸公使函一件 日報載中日定業公司獲錦江西採礦權	由	三年十月六日	黃字四三五八號
附剪報 一件	由	三年 月 日	字 號
附駐日本陸公使函一件 倉知來華日期及對於中日公司之主張	由	三年十二月春日	黃字六五三二號
	由	年 月 日	字 號
一件	由	年 月 日	字 號
一件	由	年 月 日	字 號
一件	由	年 月 日	字 號
一件	由	年 月 日	字 號
一件		年 月 日	字 號

此件由交際司辦

民國二年六月二十四日收駐日本汪代表電㨿二月間日本天皇創議設中國興業公司集股五百萬元先交四分之一中日各半時中山在東初擬孫為總裁日本實業走在其中得股溢額茲退至原額為止日政府表示贊成變近與公司創辦人時相討論彼甚願先辦北方商人加入華股之內辦法專貸貸華商為興辦實業之用華總裁一席並加意選擇務期國家感情親密商業發達日本人近來漸知我國内情此亦有見風轉蓬之意彼特派開辦成立長官如我亦表贊成乞迅賜電示俾於開會前切實洽請密呈舟北商字樣請會請議我須插手方易操縱日

報界近亦轉風力不足搖政府方針於此可見變世

三日

民國二年六月二十五日發公府秘書廳函稱准駐日本汪代表電稱日本天皇創議設中國興公司專貸貸華商為興辦實業之用請密呈等因相應照錄原電函送貴廳即希轉呈 大總統核示

附原電一件

民國二年六月二十七日收公府秘書廳函稱本月二十五日准貴部函開准駐日本汪代表電稱日本天皇創議設中國興業公司專貸貸華商為興辦實業之用請密呈等因相應照錄原電函送貴廳即希轉呈大總統核示等因前來茲送上大總統核定復電稿一件請用密電寄交汪代表可也

外電稿一件

附錄擬復駐日本公使汪大燮電

奉大總統諭式十三日電悉政府向持聯日興業政策華日商人合辦之中國興業公司極端贊成應由駐日公使一面興該公司地重要人物切

寶接洽一面將公司實在情形如華股已否開募已有華股若干應募者何方向人居多華總理副總理如等職員如何選派等事詳探電復以憑籌辦等因奉此合電達遵照

民國二年六月二十七日發駐日本汪代表密電稱

奉

大總統諭二十三日電悉政府向持聯日興業

政策華日商人合辦之中國興業公司極端贊成應

由駐日公使一面與該公司重要人物切實接洽一

面將公司實情形如華股已否開募已得有華股若干

應募者何方面人居多華總理副總理等職員如何

選派等事詳探電復以憑籌辦等因奉此合電達達

照外

四

民國二年七月二日收駐日本使館函稱為日人創設中國興業公司事於二十三日晚發一電如下

二月間日人創議興業公司集資五百萬元先付四分之一中日各半時中山在東初擬孫為總裁日本實業家悲在其中得股溢額茲退止原額為止日政府表示贊成變近與公司創辦人時相討論彼甚願我北方商人加入華股之內辦法專貸貸華商為興辦實業之用華總裁一席並另加意選擇務期國民感情親密商業發達日人近來漸知吾國內情此亦有見風轉篷之意下月內開成立會如我亦表贊成乞迅賜電示俾於開會前切實接洽請密呈再北商

字樣會議我須插手方易操縱日報界近亦轉風力不足撼政府方針於此可見變

中華民國二年七月收孫顧問汪李代表來往電底

北京大總統鈞鑒韓密江電謹悉仰蒙垂注無任感
佩本日見外部牧野森仲顯向談良久琦等轉述
大總統親日之誠暨兩國實業提攜之宗旨伊極表
同情謂日政府真心贊助我華大借款頗周折始感
於成可為証據惟一般輿論因兩國關係密切深慮
或有意外故議論不免偏倚日政府對付本國輿論
幾與華政府對付党人同一困難伊又謂大總統
以國家為前提冀收統一之效苦心孤詣友邦共諒
至於孫黃原係理想派罕有經驗但願政府曲示優
容並引日本維新之初籠絡島津諸人位置顧問日

後本國乃知其別有作用此係就日本輿論作為間諜琦等答以大總統始終抱定和平宗旨對於孫黃本朝同意相符惟孫黃行為近來多數人亦民不能信服且多懷怨恨若輩復不再妄作方能自保其名譽非大總統所能為力伊又謂山座公使人極公平誠實請我推誠相與囑琦等與之多談接洽一切商詢中日實業各事等語昨見小座談及中日實業伊謂宜在東三省設中日銀行並築長春至熱河鐵路以保內蒙而防侵犯尤為要策等語琦等此來日政府優待沿途預備車輛實業家甚為歡迎頗有希望於我之意後密探各方面內容另行續呈支

大總統據袁電

支陽兩電悉日政府優待歡迎已向伊集院道謝政府優禮孫黃視日本籠絡島津諸人有過之無不及如孫黃無不軌舉動必能如友邦勸告之意保其名譽總視彼等自身之作為與人民真正心理何如耳中日同文之國其親睦由先天而來若能結合亞洲大局方安實業銀行與兩國博覽會極表同情長春至洮南鐵路前經交通部與小田切曾開談判因俄事未了停頓當飭部詳籌再定東省方面尚無影響及於主權者本望與同洲之國厚結和好共同經營此意可婉達之 大總統蒸叩

北京大總統鈞鑒韓密連日接晤各政界政黨及實

業團探其意旨政府自大借款成立對我政府不能不隨列強為轉移似無惡意惟其民黨及報界多為孫黃所獲感且借題攻擊政府無如之何一聞大總統有心親睦以實業聯絡甚為欣然但寔業家似疑我虛與委蛇並無實意尚懷觀望。等熟籌以為宜亟於鐵路銀行事提議一二件早日定局以示信用庶彼日政府有以間執人口轉移輿論前日山座來談長熟鐵路外部深盼早定銀行事實業團希望甚切鈞意如何祈電示復又有人建議中日宜互開兩國博覽會以表實業聯絡之誠此事不難似可允辦並求電示

大總統鈞鑒韓家孫文與商所訂興業公司資本五百萬元中日各半專為興辦各項實業公司担任招股日商係三井行主動此外大資本家亦多附股。等此來各資本家宜我政府因此認為暗助南方之據欲破壞此舉故對。等力為剖辯謂本意在兩國實業聯絡與大總統宗旨相同當日實不知伊與政府反對今木已成舟日人深盼北方加入股本若干可以化除畛域等語。等答以出京時大總統謂及此事亦頗謂然並無介意伊等釋然探聞日商股本收齊華股僅交百萬尚有百五十萬未交日商似是不足恃倘我政府加入股本若干或另擴張改組原可商議辦理。等愚見該公司純係商業性質不過一資本團並未指定何項目入亦有嫌其太空者且在日政府註冊在我無反對之理由將來若搪辦實業仍視政府酌奪核准現政府似不必攙入與孫文爭競惟有聽之一回另與提議重要實業一二端各資本家亦當歡迎究竟應否商議改組加入股本或竟置之不理或另行提議別項實業狀候示諭遵行再如果提議別項實業不過暑露端倪以示籠絡自應從容計議非倉猝可定。○因有栖川王之喪各處宴會改期擬遲至二十邊即離東京赴各埠游歷併以附陳

大總統電

蒸電悉加入股本易滋影射不如另組實業使日人知所注重即是隱消彼納孫事當出以婉宕容回京再議遊歷各埠可採真正商人意見如何 大總統元

大總統鈞鑒韓密蒸元電謹悉遵當轉告政府及實業家連日報載九江戰事謠諑紛紜至謂柏文蔚在甯起事又謂皖粵均獨立實業非旦夕可期。等擬過正商家均在東京另組懇電示詳情俾釋群疑真十八外部公宴後即行內渡此外公宴均擬辭謝是否乞電示遵行孫。。李。。銑

民國二年七月十日收孫自東京來密電稱江電謹悉仰蒙垂注無任感佩本日謁外部牧野伸顯尚談良久琦等轉達述大總統親日之誠暨兩國實業提攜之宗旨伊極表同情伊謂日政府真心贊助我華大借款頗費周折始底於成可為証據惟一般輿論因兩國關係密切深慮或有意外故議論不免偏倚日政府對付本國輿論幾與華人對付黨人同一因難伊又謂大總統以國家為前提冀收統一之效苦心孤詣友邦共諒至於孫黃原係理想派軍有經驗但願政府曲示優容垂引日本維新之初籠絡島津諸人位置顧問日後興國乃知其別有作用此係

就日本評論作為間諜琦等答以大總統始終抱定和平宗旨對於孫黃本期誠篤相孚惟孫黃行為近來多數人民不能信服且多懷怨恨若輩須不再安安作方能自保其名譽非大總統所能為力伊又謂山座公使人極公平誠懇請我推誠相與囑琦等與之多談接洽一切商詢中日實業各事等語昨見山座談及中日實業伊謂宜在東三省設中日銀行並策長春至熱河鐵路以保內蒙而防侵犯尤為要策等語琦等此來日本政府優待沿途預備車輛實業家甚為歡迎頗有希望於我之意俟密探各方向內容易行續陳

民國二年七月十七日收國務院函稱送上孫顧問密電一件希詧閱密存為荷

附抄電一件

附錄孫顧問寶琦等來電

大總統鈞鑒韓密孫文與日商所訂興業公司資本五百萬元中日各半專為興辦實業公司擔任招股日商係三井行主動此外大資本家亦多附股琦等此來各項資本家疑我政府因誤認為暗助南方之據欲破壞此舉故對琦等力為剖辯謂本意在兩國實業聯絡與大總統宗旨相符當日實不知伊與政府反對令木已成舟日人甚盼北方加入股本若

干可以化除畛域等語琦等答以出京時大總統計及此事亦頗謂然並無介意伊等擇然探聞日本股資收齊華股僅交百萬尚有百五十萬未交本商似疑不足恃倘我政府加入股本若干或另擴張改組原可商議辦理袒琦等愚見該公司純係商業性質不過一資本團並未指定何項目人亦有嫌其太空者且在日政府註冊在我無反對之理由將來若指辦實業仍視政府酌奪核准現政府似不必擾入與孫文爭競惟有聽之一向另與提議重要實業一二端各資本家亦當歡迎究竟應否商議改組加入股本或另竟置之不理

或另行提議別項實業伏候示諭遵行再如果提
議別項實業不過略露端倪以示籠絡自應從容
計議非倉卒可定琦鐸因有栖川王之喪各處宴
會改期擬遲至二十邊即離東京赴各商埠游歷
並以附陳
致東京孫汪公使孫李兩顧問電韓密蒸電悉加
入股本易滋影射不如另組實業使日知所注重
即是隱消彼約孫事當出以婉宕容回京再議游
歷各埠可探真正商人意見何如大總統元印

民國二年十月十九日發駐日本馬代辦電稱探聞孫文黃興李烈鈞胡瑛等逃竄東洋秘密聚會且有運同日商合辦中國實業情事誠恐外人受其所愚致生枝節應由該代辦向日政府聲明凡中國亂黨運動日本實業家合辦中國內地實業政府概不承認倘日商來署探詢亦即據實阻止以杜奸謀是為至要

民國二年十月二十四日收日本馬代辦電指奉到十九日電即將亂黨運動日本實業家政府概不承認一節照會日外部昨日復往照次官切實聲明餘函詳

民國二年十一月三日收駐日本使署函稱昨二十日奉鈞部十九日電開探聞孫文黃興李烈鈞胡瑛等逃竄東洋秘密聚會且現在運動日商合辦中國實業情事誠恐外人受其所愚致生枝節應由該代辦向日政府聲明凡中國亂黨運動日本實業家合辦中國內地實業政府概不承認倘日商來署探詢亦即據實阻止以杜奸謀是為至要等語當即備函照會日本外部大臣聲明此事請其備案延亮復於二十二日往外務省晤及松井次官謂日昨接我外交部電言及孫文等亂黨運動日本實業家合辦中國內地實業我政府概不承認等語一節業已照會國

牧野大臣今有數言請次官轉達查亂黨在東京運動日商以合辦實業為言名誠恐於日商資本有碍害我政府既不承認務請大臣注意各實業家俾免多生枝節彼謂來函亦畧見及電文是否指中國興業公司但該公司已將孫文黃興等除名此外未聞有合辦他項實業廷亮答以電文未曾指明興業公司而該公司亦當然包在其內此外有無他項公司請飭下嚴防預先聲明為要彼謂胡瑛本不在驅逐之內列何以此次亦與孫黃等列名是否貴政府有疑彼之處答以胡瑛雖不在驅逐之列令既列名因其與孫黃等往來致啟疑實亦未可知彼云我國

實業家已知彼等行為未必肯相信所有與彼等往來者大半是我國浪人耳廷亮謂雖是如此誠恐實業家不知底蘊受其所愚仍請預先注意免致害受且俟前牧野大臣當言及將來設法使亂黨離日本現請轉告大臣務望早日設法為盼彼謂貴下所言各節自必轉達也除電陳外謹將問答情形詳述祈察核至日本實業家如有到署探詢者自必遵照電諭據實阻止以杜若輩奸謀

民國二年十一月八日收駐日本使館函稱日昨前外務省次官倉知鐵吉君來署謂澁澤男爵擬不日前往北京其原因大概如下去月中旬適值南京案發生正在兩國交涉尚未解決之際熊總理見山座公使曰南京漢口事件兩國均不遺憾若此種問題常有發生實非妙事務要想一辦法俾融和兩國人民之感情方為得策以我思之能由兩國實業方面彼此聯絡將意思疏通實為最好倘貴國有力之實業者能到北京互相商議辦法則我所深盼等語山座答曰有力之實業者大半已及暮年到京良非容易倘澁澤男爵肯來如何熊曰澁澤如肯來則我甚

贊成故山座當即電知外務大臣然牧野外相因南京之案適日本國民正在輿論激烈之際未即轉告澁澤追至本月十五六日始將電文向述並說此事非政府命令請君赴北京不過私意商量如能勞駕前往於各方面均有裨益況山座來意亦甚贊成等語澁澤問外相曰熊總理招我到北京是否熊總理一人之意因我終年無暇倘赴北京僅見一空談未免徒勞往返請電問山座便可再議外相當電山座回電據云非熊總理一人之意內閣諸公亦多贊成但澁澤亦屆暮年前往寒地恐於身體不宜究竟身體能耐寒否先請醫師診斷方可決定故今日尚屬未

決然一二日之內必可以決定行止此澁澤男爵擬赴北京之原由也前澁澤男爵招我前往晤談問曰此次萬一能赴北京誠恐多人願隨我同去然此回非同觀光團亦非實業團之類余甚不願多人同往但於北京見熊總理及諸君除有商議關於實業之外必有談赴中國興業公司等事況君多年主張中日聯絡主義故要君與我同赴最為適當此外祗帶醫師秘書及書記通譯數人而已然君曾在外務省之人倘君同日出東迟於外國通信者疑惑多生誤會似屬不便故君先發表游歷中國以示早有游中國之意我臨時發表漫游滿洲旅順大連一帶各自分

日出東豫算我到奉天之日君直至該地同往北京云云我曾再三勸男爵赴北京男爵既要我同伴亦無不可我已允諾此澁澤男爵赴北京之原因此余料男爵如決定赴京約在天長節之後即十一月四五日男爵游歷旅順大連將到奉天時我逕往奉天同赴北京再澁澤此往不喜張揚亦不願受諸君開宴張送行以免外人謠傳到北京之後亦請不必過事舖張多開歡迎盛會至有因於酒食之累祇求相當待遇以簡單爲妙但旅行各處如火車並一切旅居使男爵得有便利則彼當已滿足此頃說火車一層非指專車相待之意不過在車中捎得方

便昪澁澤抵北京偶大總統賜以函談尤為光榮或賜以寶星亦甚感佩此不獨關于男爵之名譽足使寶業者全体之感動也澁澤男爵向來不講究寶星地位之如何頃說賞寶星一事是我一人之意非男爵之所請務望貴代理公使垂詧至澁澤男爵及我赴京之事倘新報登載或啟思疑是以我特將原由詳告貴下請將以上各節詳情代為函達不勝感禱以上各節係倉知鐵吉所云廷亮當告以澁澤男爵前往北京定蒙熊總理及內閣諸公歡迎而閣下同往定能將經手辦理之中國興業公司內情報告實為我國政界所樂聞也據稱澁澤男爵約十一

月十五日前後可抵北京俟訂定有行期另行電陳外理合詳細函達鈞座並請告熊總理接洽為禱

民國二年十一月八日發熊總理函稱十一月七日接准駐日本馬代辦來函一件茲特抄送台端即請詧閱可也附抄件

民國二年十一月二十一日收駐日本代辦函稱十月三十日曾具東字第十二號晷陳日本澀澤男爵偕前外務省次官倉知君擬本月中旬赴北京游歷各節計塵鈞聽嗣於月初接到倉知君送來沿途日程本擬即行郵呈旋接電話謂澀澤男爵感受風寒啟程延期前訂游歷日程暫緩寄京等語是以未將所訂游歷日程函達尊處昨十二日澀澤男爵親來使署面談謂本擬月中由日本起程赴天北京等處游歷面見貴國當道表白衷曲不幸月初受寒臥床數日今雖漸愈據醫生云身軀羔身体嚴冬親履寒地實不相宜是以游京一層漸為中止擬俟明年春

暖即行北上廷答以男爵閣下為我國當道所歆仰此次游歷北京定受官商各界歡迎現因天氣不宜亦是不得已之事自當代達為函達我外部並轉致熊總理彼謂日華商家合辦實業為我之素志民國成立以後令春適孫中山來游日本故商辦中國興業公司股本五百萬元日華各半日本股東業已招足而中國股東尚未招足惟外間不知者以為日本實業家偏向南方各省其實我祗認中華民國並無南北之分今夏孫李二公來已將此意陳明故擬赴北京向貴國當道及商界表白以免誤會庶可達日華合辦之目的也廷問興業公司中國股東為何人計

股本有若干澁澤云中國股東約有十餘人上海周金箴宋葆三印錫恩暨亡命數人其在內具詳不能記憶約股本有百萬元之譜迨答以鄙人私見現在時局變遷能設法將亡命數人股本撤去方為妥善彼云我亦有此意容後圖之連問閣下既政明春赴京未知倉知君行止何如彼云不知彼仍赴京否但欲有要事赴滬或由滬赴京亦未可知務請將我政期赴京情形轉達為荷澁澤男爵去後當即電話問倉知君行程何如旋接復稱約本月十八九日由東京起啟程經由朝鮮安奉等處赴京隨行員二人一為澁澤政雄男爵之子一為中興公司社員野口未次郎

啟程之先舟來署通知云廷查澁澤男爵年老畏寒故改明年春媛赴京諒是實情除將改期緣由電請鈞處轉告熊總理外謹將昨日與澁澤男爵面談詳細各節縷陳清聽並希轉達熊總理知照為禱

民國二年十一月二十二日收駐日本馬代辦電稱

倉知君十八日啟程經由安奉約二十七日可到京

謹聞

民國二年十一月二十四日發縶總理函稱准駐日本馬代辦來電函一件報告日本澁澤男爵改期來華並面談興業公司集股情形各節相應照錄原函送請貴部總理查閱附件

民國二年十一月二十六日發熊總理函辦准駐日本馬代辦電稱倉知君十八日啟程經由宴奉約二十七日可到京等語相應函請查照

民國三年三月三日收日本館問答山座云前次中日興業公司因有孫中山關係熊總理時代擬重行整頓是否澁澤男爵本擬來京因染病未能前來嗣由倉知君來京接洽係貴總理所洞悉今於三月一號接本國外部電現在之時機擬令澁澤男爵來游惟必於中日興業公司有何效果方可來京總長云該公司現已改為實業公司甚盼望日益發達澁澤男爵來京無任歡迎容與張總理長及楊士琦君商議先行預備應行計畫之案以期發生效果山座云請商議盼早日見覆示總長允之

二十六

民國三年四月二十六日收駐日本陸公使電稱澁澤男爵下月初起程由朝鮮逕奉濟南等處到北京實業公司昨開議時興堅令將在中國營業遵中國法律一層加入條文否則延會孫君前往磋商遂率澁澤聲明作為董事會議決條件惟鄙意仍請加入正文為要應請於謄錄時注意希轉達農商部楊杏城

民國三年四月二十七日收駐日本陸公使電稱澤
澤男爵准五月一日由神戶附地洋丸赴華游歷先
到上海經蘇浙甯漢約十七日入都乞電各處妥為
照料

民國三年十月六日收駐日本使館函搨頃時事新報有中日實業之獲得一段未悉確否第一中日興業公司既有中國人為總裁當不能再有他項職員得為獨立之運動第二以後普通外國商人當不准與外交部當局有正式之交涉日本外務當局異常尊外交部當局有正式之交涉日本外務當局異常尊嚴雖各館外交官謁見均有等次似是為我國參考特此肅聞

民國三年十一月二十六日收駐日本陸公使函稱

中日實業公司副總裁倉知鐵吉君約於本月二十
五日起程來月初抵北京請先轉告楊杏城左丞據
云此行並無他項特事務不過照例每年前赴我國
接洽一行惟倉知及坂谷男爵等有將中日公司承
受膠濟鐵路合辦之意而反對之者則謂膠濟鐵路
係由德國讓渡於日本政府不能歸實業公司經辦
云云惟此路現雖歸日本暫領他日究竟如何處置
非俟各關係國承認締約不能確定以上二說於現
在恐皆屬理論特此函陳以備參攷

東方匯理銀行請追商欠案

國民政府接收前外交部移交案卷

第五八八號

共三冊

東方滙理銀行請追頁欠案

中華民國○二年 月 起止

四十七件

外交部通商司清檔
　貿易門　華洋商欠類
　法國案
　　東方滙理銀行請追商欠案共三冊

| 權字 | 七號 四 | 抄檔 |

天

華商負欠東方滙理銀行款項一案疊經駐京法使
照請代為追討並開具清單及所執借據前來
經部咨行京外各衙門轉飭該管有司催令
清理去後准江蘇滬按使咨據滬道詳稱已飭
令上海總商會設法籌還至沈明賢等借戶
則遵照議定辦法辦理鄂省欠戶除劉歆生過
欠款由特派員督飭將抵押契據交縣過
戶清結外餘均滯礙難查至直隸各欠戶
經該省巡按使將辦理詳情分別咨送到
部同時又據京師警察廳咨復已傳集
各欠戶限期妥籌歸還由

| 通商司廳 | 權算科 | 貿易門 | 華洋商欠類 | 類原股司 |

共收文三十四件 共發文十三件 附三十四件 計錄件

民國四年四月二十日 繕竣   送司廳

發湖北特派員函	函詢湖北有無承認政府擔任華商債務	二年十二月二十二日 往字九一四號
收又 電	電呈辛亥革命官商與洋商互欠糾葛情形	二年十二月二十五日 字 號
收湖北交涉呈同一件	呈送辛亥年湖北官商與洋商互欠糾葛案內往來交涉文件	三年一月十三日 元字四五五號
附成案 一件	抄錄官錢局六個月期限歸還前外交司會同財政司籌商漢滸華洋商務糾葛情形案	三年 月 日 元字 號
附又 一件	抄錄欠紗官錢局會同財政司籌商開還東方滙理銀行京津各欠戶清單請查閱	三年 月 日 元字 號
收法館照會 附原文		三年三月二十六日 元字三五四號
附各債戶欠款清單二件		三年 月 日 字 號
收法館函 一件	上海出送滙理銀行債務清單	三年三月三十日 元字三九六號 無函
附清單 二件	漢口滙理分行借與華商	年 月 日 字 號
收法康使函 附原文	各款請飭令清還	三年四月一日 元字四〇二號

地

附漢口商號欠還滙理分行款項		
收法館節畧	詳擬歸還滙理銀行欠款辦法	三月廿五日 元五〇五九號
附各債務清單		
附會晤法康使問答 附原文	討論滙理銀行債務辦法	三月廿九日
收法康使照會	王姓欠還漢口滙理行款武昌有司催護不理應請中政府擔當責任	三月七月九日 黃三九三
發江漢關監督兼飭特派員	滙理銀行要索王某欠款查明情形辦理	三月七月十七日 通一九七三
收法康使照會	照送華人欠北京滙理銀行借據請轉飭該管有司向債戶追討	三月八月六日 黃一六九八號
附津文借據清單		
附華洋文借據各壹		
發內務部咨 湖北蘇巡按使	法使為滙理銀行在京津滬漢各處債款請由地方官助力追討希查照飭遵見復	三月八月十五日 通二二五四號
收內務部咨	外商索償欠款係屬私人債務本部礙難轉行復請查照辦理	三月八月廿一日 黃二二二

發警察廳函	法使為滙理京行倩款請飭地方官助追討布查照傳知各倩戶從速籌償	三,九,十 通 二四四五
收法館照會（附洋文）	照請速示如何辦理欠款	三,九,十 黃 三三五八
收法館使照會	理銀行欠款項各倩戶滙理銀行欠款事請照前議維持	三,九,十二 黃 三三九七
發法康使照會	照復滙理銀行倩款已分洛京外地方官傳知各倩戶從速籌償	三,九,十五 通 二四六九
收法康使照會	滙理銀行索欠案法使选次催	三,九,十六 通 二五四八
發（江蘇道）轉巡接洛	辦希飭屬起速辦理並見復	三,九,十六 黃 三八七八
收收又照會	催辦滙理銀行索討華商欠款	三,九,二十五 黃 三九五二
發法康使照會附報紙各（洋文）	華商借欠滙理各款如不設法了結本館當照約提起訴訟	三,九,二十五 通
發警察廳函	催復華商旬欠滙理銀行款項事	三,十一 通 二五六四
發法康使照函	滙理京行索欠法使选次催辦布速辦	三,十一 通 二五七六
發司法部咨	法使稱審判廳迄報拍賣王善浦房產有關滙理銀行欠紙押品請飭查明辦理已再分行內外合機關嚴催措繳	三,十二 通 二五八〇 二

玄

發江蘇鄂湖北巡撫使函　　　　　法使催索滙理銀行次戶欠款　　三十三通　二五九四
　　湖北　　　　　　　　　　　　事非常辟青務可以再巡請
收法館照會附原文　　　　　　　法意飭辭則機於滙理銀行追欠事
　　　　　　　　　　　　　　　解釋對於滙理銀行追欠各節
收江蘇巡撫使咨　　　　　　　　所引天津條約第三十款各節　三十七　黃　四四二六
收湖北巡撫使咨　　　　　　　　催飭各債戶將句欠滙理銀行　三十八　黃　四四四〇
　　　　　　　　　　　　　　　欠嗊赶速清結
收江蘇巡撫使咨　　　　　　　　咨陳辦理滙理銀行欠戶欵　　三十二　黃　四五八七
收直隸巡按使咨　　　　　　　　案情形　　　　　　　　　　三十三　黃　四五九五
收江蘇巡撫使咨　　　　　　　　催飭各債戶結清句欠滙理　　三十三　黃　四八九二
　　　　　　　　　　　　　　　銀行欠款案已轉飭辦
收法康使照會　　　　　　　　　咨復辦理欠遲理銀行各債　　三十六　黃　四八三二
　　　　　　　　　　　　　　　銀行款項案已轉飭遵照
發法康使照會　　　　　　　　　照復滙理銀行催款事准直蘇　三十八　黃　四九三〇
收江蘇巡按使咨　　　　　　　　鄂各省咨復已飭地方官趕速咨　三十三　通　二七八
　　　　　　　　　　　　　　　句欠滙理隸款項案中國政府
附鈔錄芝菜京報　　　　　　　　契照約施辦本館當組織公堂審理　三十三　黃　五一七七
收湖北巡按使咨　　　　　　　　咨送關于辦理欠遲滙理銀行　三十三　黃　五四六三
　　　　　　　　　　　　　　　款項文稿

附文稿一冊

發法康使照會	英文京報登載滙理銀行事	三十五 通 二七九二
收江蘇處接使咨	毫無根據	
發漢口監督電	滙理銀行於革命時被債戶 欠款開單要來追索咨請查照	三十七 黃 五七五七
收漢口丁監督電	劉人祥欠滙理款事已有眉 目可暫緩票提	三十
收法館照會 附原文	滙理銀行款項事請示辦法	三十一
附會晤法康使問答	辨論北京報侮辱法國請即徳辦	三十二 黃 五九三四
收湘岸交涉司函	涉及法館辦法 滙理銀行控追漢口各錢莊 欠款案	三十三
收湖北特派員交涉長函	請代詞財政總長劉欲生欠款定 情並法領照送滙理過戶之地契 與劉欠有無糾葛	三十三 黃 十二九 補十月二十三日
附錄法領事照會各 財政部來電		
收江漢閞監督電	立興地契過滙理尼遵飭辦理	三十一 十四

三

收湖北特派員上袁函　　　　　　　　　　漢口各銀號所欠滙理行款事布指
　　　原　賣契二件　　　　　　　　　　　示辦法並劉猷生地契過戶各情
　　附抄法漢文契全件
收江漢關丁監督電　　　　　　　　　　　　理完竣　　　　　　　　　　　　　三十九　黃七三七
收漢關丁監督電　　　　　　　　　　　　呈報劉猷生地契過戶尼辦　　　　　　三十三
收漢口特派員電　　　　　　　　　　　　劉猷生地已過戶新契明日　　　　　　三十三
　　　　　　　　　　　　　　　　　　　送交法領
收江漢關監督函　　　　　　　　　　　　辦復再稟　　　　　　　　　　　　　三十
　　　　　　　　　　　　　　　　　　　劉契已遵電發縣過戶候
附致法領事照會稿
收京師警察廳咨　　　　　　　　　　　　咨陳辦理滙理銀行索償　　　　　　　三十九　黃七三九三
　　　　　　　　　　　　　　　　　　　案經過情形
附滙理銀行各欠戶辦
　　法節略
收漢口特派康使問答　　　　　　　　　　告知滙理銀行債務已可清結　　　　　三十八
　　　　　　　　　　　　　　　　　　　各債戶對於償還滙理銀行欠
附會晤法康使問答　　　　　　　　　　　款方法據詳并抄單咨請查核
收直隸巡按使咨　　　　　　　　　　　　　　　　　　　　　　　　　　　　　三十五　黃七四四
附各債戶欠款清單

漢口各銀號所欠滙理行款事布指
示辦法並劉猷生地契過戶各情

三十二　黃七一三〇　補十月二十五日

收警察廳咨

咨陳辦理各債戶籌償
滙理銀行款項情形

四○一七字四八九

民國二年十二月二十二日發湖北特派員函稱辛亥革命外人損失刻與各館議償法館交來清單內有漢口東方滙理銀行一案計洋例二百十餘萬兩中間一項最鉅者係中國各錢莊欠滙理之款計洋例一百九十三萬四千兩聲稱華商因革命受損無可清還要求中央如數賠償并加利息又云元年四月十四日湖北外交司曾致各領事函稱所有商華欠款不遂由政府擔負責任等語查革命賠償各案內國銀行之款由四月起展緩六箇月以後歸還如無力不遂由政府擔負責任等語查革命賠償各案內最鉅之款即像各外商速索中國商家未還之債本部以係屬間一律拒絕刻下向在交涉未得結果寬

竟湖北外交司有無此項通函之處即希迅速調查電部如果有其事底稿亦乞照錄寄京切盼此致

民國二年十二月二十五日收湖北特派員電稱外交部十二月二十二日鈞函敬悉遵查辛亥革命湖北官商與洋商互欠輾轉一案去年三月曾奉副總統諭概限六簡月後償還飭與各領磋商經前外交司長夏維松以業關財政咨咨准財政司函稱湖北官錢局外債擬定四月一日起以六簡月為清帳之期倘期滿何誤應付敝司萬不能卸責筆語於四月十四日依據原函照會各領在案並未涉及華商欠款惟夏前外交司長於照會文內將副總統原諭錄入未將官商範圍劃清現法使要求諒係亦以此籍口至漢口華商積欠洋款一節經前外交司長伍朝

樞鉤漢口六國銀行之請由中國官商組織委員籌議緩償辦法呈奉副總統批准轉商漢口商會迅速照辦除趕將全案底稿錄呈鈞處外謹先電陳特派湖北交涉員胡朝宗卯二十五日

民國三年一月十三日收湖北交涉員呈稱案查辛亥革命湖北官商與洋商互欠輾轉一案前經承准鈞部二年往字第九一四號公函內開辛亥革命外人損失刻與各館議償法館交來清單內有漢口東方滙理銀行一案計洋例二百十餘萬兩中間一項最鉅者係中國各錢莊欠滙理之款計洋例一百九十三萬四千兩聲稱華商因革命受損無力清還要求中央如數賠償並加利息又云元年四月十四日湖北外交司曾致各領事函稱所有華商欠外國銀行之款由四月起展緩六個月以後歸還如無力不還由政府担負責任等語查革命賠償各案內最鉅之

三

即係各外商追索中國商家未遂之債本部以係屬間接一律拒絕刻下尚在交涉未得結果究湖北外交司有無此項通函之處即希迅速調查電部如果有其事底稿亦乞照錄寄京等因承准此遵將樓管卷內大概情形於二年十二月二十七日電呈鈞部在案現在抄錄全案底稿業已竣事理合彙訂成冊備文呈送鈞部鑒核謹呈計抄呈成案二冊

抄錄官錢局六個月期限歸還華洋帳項案

黎都督諭元年三月十三日到

為諭飭事照得大局漸定各界秩序均宜亟復而武漢商業尤為首要本都督深念及此已令官錢

局照舊赴日開辦以便商民惟該機關停滯已久必事前預謀活動之方庶事後永無掣肘之虞特定簡章單辦法所有官錢局及漢鎮華商與西商久之款概限六個月後歸還於此六個月內應預籌歸還方法以免臨時竭蹶為此諭飭該司迅即與各領事磋商華洋商人彼債項究應如何歸還訂定辦法分諭華洋商人一體遵照並將議定情形具呈備查切切毋違此諭

前財政司長李作棟復函元年三月十六日到

示悉官錢局所欠外界之款與外界所負官錢局之款鄙意擬定統限六個月清理帳務一次即以

四

此照會前途為盼此復夏司長大鑒即頌籌安

右係前財政司司長李作棟復函去函不知當何時
以未歸卷無從臆造理合陳明

前外交司咨財政司文元年三月十九日發

為咨會事本月十三日奉都督諭開照得大局漸
定各界秩序均宜恢復云云並將議定情形具呈
備查切切毋違此諭等因奉此當經敝司先後函
請將籌辦情形賜復查核茲准函稱官錢局所欠
外界之款與外界所有官錢局之款擬定統限六
個月彼此清理賬務一次希即以此照會等因查
此案關係武漢金融官商信用至為重要都督原

諭六個月之限以何日為始如以官錢局開始交易日起官錢局能於何日開留函內俱未敘明僅概括限六個月彼此清理賬務一次與六個月後歸還之意不符相應備文咨會貴司請煩查照希將籌辦情形以及官錢局開辦確期正式見復以便照會駐漢各領事一體傳知遵照憑筆以待幸勿延緩望切望切

前財政司復外交司文 三月二十二到

為咨復事前准咨開本月十三日奉都督諭閣照得大局漸定各界秩序均宜恢復而武漢商業尤為首要本都督深念及此已令官錢局照舊開辦

以便商民惟該機關停滯已久必事前預謀活動之
方庶事後永無掣肘之慮特定簡單辦法所有官
錢局及漢鎮華商與西商互欠之款概限六個月
後歸還於此六個月內應預籌歸還方法以免臨
時竭蹶為此諭飭該司迅即前與各領事磋商華
洋商人彼此債項究應如何歸還訂定辦法分諭
華洋商人一體遵照並將議定情形具報備查切
切毋違此諭等因奉此當經敝司先後函請將籌
辦情形賜復查核茲准函稱官錢局所欠外界之
款與外界所負官錢局之款擬定統限六個月彼此清
理賬務一次希即以此照會等因查此案關係武

漢金融官商信用至為重要都督原諭六個月之
限以何日為始如以官錢局開始交易之日
起官錢局能於何日開貿函內俱未敘明僅概括
以限六個月彼此清理賬務一次與六個月後歸
還之意不符相應備文咨會為此合咨貴司請煩
查照希將籌辦情形及官錢局開辦確期正式見
復以便照會駐漢各領事一體傳知遵照憑筆以
待幸勿延緩等因准此查官錢局開辦在即擬定
自四月初一日起六個月後所有官錢局內在外
欠款各一律結算應還即還但結算時存放各款
必多逾期其息金應以單利計算相應備文咨復

六

為此合咨貴司請頒查照施行

前外交司呈都督三月二十七日發

為呈請核示事三月二十二日准財政司咨開官錢局開辦在即擬定自四月初一日起六個月後所有官錢局內在外欠各款一律結算應還即還但結算時存放各款必多逾期其息金應以單利計算葢因職司查漢口商埠為金融重要機關自經上年北軍焚燬後元氣摧殘殆盡本年二月奉都督示曉諭出限期招致來漢設法商酌償還互欠之法三月十三日奉都督諭開大局漸定各界秩序均宜恢復而武漢商業尤為首要已令官錢局照舊赳日開辦特定簡單辦法所有官錢局及漢鎮華商如興西商互欠之

款概限六個月後歸還飭與各領事礎商訂定辦法等因職司奉行之餘竊念振興漢口商業影響甚鉅寔為唯一不可緩之要舉難官錢局係屬官辦仍具營業性質事前設備稍疏臨時難免竭蹶當經司長等一再函詢財政司接准該司長李作棟函稱官錢局所欠外界之款與外界所負官錢局之款擬定統限六個月彼此清理賬務一次希即以此照會等語職司查都督原諭官錢局欠款係概限六個月歸還辦法本屬簡要與理財司六個月彼此清理賬務一次漫無結束之意不符究竟六個月之期係以何日起限如以官錢局開始

交易之日起官錢局能於何日開局函內俱未敘
明旋即備文咨會理財司聲請正式見復茲准咨
達前周雖官錢確定開辦之期而有六個月後應
送即送之語引伸其說必有不應送即不送之義
事關交涉如果二三其說寔不足以昭信用除遵
都督原諭照會駐漢各領事轉飭洋商一體照辦
外理合具文呈請都督俯賜查核批示祇遵並懇
諭令理財司切寔籌備慎勿臨時竭蹶寔為公便
再原奉諭文內載官錢局及漢鎮華商與西商五
欠之款概限六個月後檢送遵此細譯係指官錢
局同漢鎮華商對於西商而言與從前奉發示諭

各幫商人赴商會投到委議之案稍有牴悟具文
見義似係明指官錢局與漢鎮華商及西商互欠
之款而言合併聲明為此備由呈乞照呈施行

前財政司來函四月初九日到

逕啟者官錢局開辦在即所有外欠局局欠外之
款限六個月後再行清理厘原係擬定草章前准
貴司詳案稱官錢局開辦無期縱有確期又有六
個月後應送即送之語引伸其說必有不應送即
不送之義已遵都督原諭諭照會各領事在案足
見貴司長慎重籌備外債之中仍預防臨時竭蹶
之意謀慮遠深感佩莫名但此時官錢局開辦手

八

繼應先行清理方可再議進行刻間外債期限伊邇而內外存欠毫無頭緒逕行按款兌付必致拮据難敷是以擬定於四月初一日起以六個月為清賬之期俾一切款項賬目條件分明方有把握是六個月內之籌畫即為償還款項之預備也倘清賬期滿仍有誤應付欵司萬不能卸其責任特此披瀝奉聞務懇貴司照會駐漢各領事垂亮至情畧予延緩以敦邦誼想執事洞悉鄂中財力困頓狀況定表同情即請鼎力維持藉紓鄂力是為至禱敬候公安

財政司啟

前外交司照會駐漢各領事文 四月十四日發

為照會事案奉都督諭開照得大局漸定各界秩
序均宜恢復云並將議定情形具呈備查等因
奉此敕司查官錢局隸於財政司隨經函詢去後
嗣准復稱官錢局所欠外界之款與外界所負官
錢局之款擬定統限六個月彼此清理賬務一次
請為照會當以此事關係武漢金融官商信用最
為重要函內並未欽明僅概限以六個月彼此清
理賬務一次與都督諭內六個月歸還之意不符
又經咨請將籌辦情形及官錢局開辦確期見復
茲准財政司函開官錢局開辦手續應先行清理
云云倘清賬期滿仍應(有誤)付敕司萬不能卸責請即
云云
九

照會駐漢各國領事署予延緩以敦邦誼等因前來敝司覆查官錢局內所外欠既經財政司定於四月初一日起六個月內清理籌畫即為償還款項頗備是外欠各款均有著落歸結稍有延緩不至臨時竭蹶相應備文照會為此照會請煩查照希即轉知各洋商一體知照如有官錢局所欠之款務自四月初一日起六個月後再行清理以俾應付足紉公誼

前外政司咨外交司文四月二十九日到

財政司咨外交司文四月二十九日到

為咨請事案奉都督批開貴司呈請核示官錢局欠款歸還辦法等因前來敝司當查此案前經咨

達貴司陳敘明白所有官錢局欠欵統遵都督鈞
諭限六個月後歸還自四月一號起此六個月內
即為籌畫欵項預備償還時間期滿有誤應付倣
司自不能辭其責並請貴司照會各國領事在案
自後未蒙見復不知曾否照會相應備文咨明貴
司請煩查照前咨辦理見復是為至禱須至咨者
前外交司咨復財政司文五月初一日發
為咨復事案准貴司咨開業奉都督批示呈請核
示官錢局欠欵歸還辦法等因前來當查此案前
經咨達陳敘明白云云咨請查照前咨辦理見復
等因准此查前奉都督諭當經徹司將籌辦情形

及開辦確期咨請查復嗣准貴司函復隨即照會
各國領事轉知各洋商一體知照在案迄今尚未見
復茲准前因相應備文咨復為此合咨貴司請煩
查照須至咨者
抄錄前外交司會同財政司籌商漢口華洋商務
糾葛情形案

黎都督諭 元年四月初七日到
為諭飭事據漢口商務總會呈錢幫公署開商等
所欠外國銀行折票之欵約計三百萬兩左右此
等票欵從前市面流通向係按期應兌從無遲誤
今兵變之後外幫欠商等銀欵未能赴期照收商

等即無從撘兌亦應急請都督垂念商艱暫代擔任照會各國領事轉飭外國銀行展緩索取以便商等從容籌還等情到府據此查漢口市鎮自上年兵火以後各業商務損失之數毋應萬萬之鉅現據稱各該商等雖陸續來漢而銀根枯竭百貨停滯錢幫商業竟至無可往來核厥情實亟須速予維持所有各錢幫商戶向興各國銀行折票之欠自應准予所請惟事關交涉應飭知該司先與外國銀行接洽妥商辦法總期商戶目前稍可息肩他日易於付兌除批示商會外為此諭知該司即日親往漢口各外國銀行遵照前因妥議呈候

核示施行切切此令

前外交司函致各外國銀行四月二十六日發

逕啟者案奉都督諭開據漢口商務總會呈錢幫公署開云妥議呈候核示施行切切此諭等因奉此查漢口自經上年兵犬商業損失甚鉅外幫欠欹未能照收以致所欠外國銀行欹項無從措兌畢開各節洵屬實情奉飭前因用特專函布達左右所有各商欠欹項能否緩期兌付以維市廛抑或另有辦法亦請查明見復以便核議轉呈都督辦理是所至禱率布祗頌公綏

漢口六國銀行公函五月初四日到

啟

敬啟者頃奉四月二十六號大札敬悉一是所云漢口華商票號錢莊因去歲戰事境況極為困難自是實情做銀行等對於此事深願仍如曩昔極力援助俾得陸續踐約交付至於華商之信實正直做行等與之相交有素夙所欣悉絕無失信之事即如此市面敗壞以來該號莊中雖做行等並未絲毫催迫尚有極力設法交付欠欵者故做行等對於援助之事尤為極力贊成惟是該號莊等所出期票應如何展期交付仍當依營業性質為之規定做行等於設法援助之前極願查實該莊號等何家必須援助緣該莊號中尚有似能自行踐

十二

約清付欠欵者前既以言之矣現在做行等擬議以為漢口所有號莊此特決計不能兌付期票者須為造具清冊似此辦法庶做行等對於暫時不能收集及須延緩幾何時日之欵知其實數以便籌畫應付查漢口號莊所欠做行等欵項為數頗鉅若設法援助恐由做行等擔任恐勢有所不能來函云漢口號莊等境況圍難全由武漢革命風雲所致夫革命者今日新政府建設之先導也因是之故做行等深望貴國政府諸公於該號莊等必具有一番感情力任其責與做行等聯絡辦理俾漢口緊要商務中心點不致長此受經濟上之

困難不勝至盼至若聯絡辦理之法倣行等擬請
組織一委員會由漢口號莊暨各商家公推代表
興都督特派員集合而成入手辦法即調查清還
債欠究竟需款若干然後由政府協同商議如何
籌備此欵一俟辦法擬就發交各國銀行即當從
速籌議也以上所陳不過倣行等擬議辦法倘或
另有辦法與此目的相同者尚祈示知

麥加利銀行
德華銀行
正金銀行
華俄道勝銀行
匯理銀行
花旗銀行　全啟

五月十二日發

前外交司咨財政司文

為咨會事案奉都督諭開據漢口商務總會呈錢
為咨會事案奉都督諭開云委議呈候核示施行等因奉經函
幫公署開云委議呈候核示施行等因奉經函

十三

知各銀行查復茲准麥加利華俄道勝德華
正金東方滙理花旗各銀行玉開項奉四月二十
六日大札云尚祈示知等因前來查該銀行等
所擬辦法與商務前途是否可行做司莫能得其
究竟相應備文咨會為此合咨貴司祈煩查照希
即酌定辦法見復以便轉呈都督核示遵行望切
望切須至咨者
 前財政司會咨
 外交司會咨 江漢關 文 五月 日發
 漢口商務總會
為錄批抄呈咨請核辦事五月二十號奉都督批
據敝司詳准擬開委員會籌商漢口華洋商務紏
葛情形請示祇遵由奉批據稱准麥加利各銀行

函開擬請組織委員會協議調查籌備一節事屬
可行即仰該司咨明漢口商會轉知各莊號推定
代表一面由該司會同外交司並咨行江漢關各
派長於辦理此項之員一員定期開會妥議辦法
呈候核交各銀行從速籌議可也此批抄由批發
等因奉此除咨江漢關派員定期開會妥議辦法外
相應抄錄原呈批示一併咨請為此合咨貴會請
煩查照迅速妥議辦法賜復過司以憑轉呈核辦
望切望切須至咨者
　計抄呈文一件
　前財政司呈都督文

為呈請事案准外交司咨稱案奉都督諭開據漢口商務總會呈錢幫公署開云相應備文咨會為此合咨貴司請煩查照希即酌定辦法見復以便轉呈都督核示遵等因准此竊查所稱各節於漢口商務前途關係重大該麥加利各銀行函擬聯絡辦理之法請由漢口號莊公推代表與派員調查籌備所擬尚屬可行能否仰邀示准抑應如何酌定辦法之處職司未敢擅專理合備文呈請副總統鑒核示遵頒至呈者

江漢關監督咨 六月四日到
為咨呈事中華民國元年六月初二日准貴司會

同財政司咨開五月二十號奉都督批據敝司詳
准擬開委員會籌商漢口華洋商務糾葛情形請
示祇遵由奉批據稱照會咨稿云云至相應抄錄
原呈批示一併咨請貴關請煩查照迅速妥議辦
法賜復過司以便轉呈核辦等因計抄呈文一件
准此查此事關係重大非有熟悉情形明白諳練
之員殊不足以勝任茲查有蔣芑元堪以委派除
諭飭該員遵照會同妥慎辦理並移漢口商會暨
咨復財政司及呈報黎副總統外相應咨呈復請
貴司查照施行須至咨呈者
前財政司咨 六月八日到

為咨會事案准江漢關監督咨開中華民國元年六月初二日准貴司會同外交司咨開五月二十號奉都督批照江漢關咨云云至查此事關係重大非有熟悉情形明白諳練之員殊不足以勝任茲查有蔣芑元堪以委派除諭飭該員遵照會同妥慎辦理並移漢口商會暨咨復外交司及呈報黎副總統外相應咨復請煩查照施行等因准此查此事關重要江漢關既已派員代表敝司與貴司亟應答派委員會同前往迅速開會集議妥籌辦法除由敝司已派專員外相應備文咨會貴司請煩速派妥員前往會議須至咨者

前外交司照復江漢關文六月初十日發

為照復事前准貴監督咨呈六月初二日准徽司
會同財政司咨開五月二十號奉都督批云並
移漢口商會暨咨復財政司及呈報黎副總統外
咨呈查照等因准此並准財政司咨會前來除派
徽司交涉科員姚於仁前往會同開會集議呈報
外相應備文照復為此照復貴監督請煩查照希
即轉知漢口商會定期知照各號莊推定代表赴
會妥擬辦法並將所定日期見復暨咨報財政司
查照是為至盼須至照復者
　前外交司咨復財政司文六月初十日發

为咨复事六月初八日准贵司咨除原文有案不錄外尾開亟應各派委員會同蔣委前往迅速開會集議除已派專員咨會速派委員前往會議等因准此除派徹司交涉科員姚於仁前往會同開會集議妥籌辦理並照復江漢關轉知商會定期知照各號莊赴會妥擬辦法並將所定日期見復暨咨報貴司查照外相應備文咨復為此合咨貴司請煩查照是荷須至咨復者

漢口商務總會咨 六月十八日到

为咨复事六月一號准貴司會咨內開五月二十號奉都督批照會咨稿云云至相應抄錄原呈批

示一併咨請為此合咨貴會請煩查照迅速妥擬
辦法賜復以憑轉呈核辦望切望切等因並抄呈
文一件准此仰見都督體恤商艱之意當即查照
轉知去後迄至旬餘尚無成議祇緣各庄號向來
習慣凡遇訂借外國銀行欵項以及歸還期限均
由買辦接洽語言習則可以熟商情形通則自無
爽約數十年來漢上商人所以增外交之聲價者
職此故也即間有周轉不靈之家未免有失信用
則由各領事移知地方官或傚商會代為維持從
無逕與銀行直接之事此次提議組織委員會固
屬愛念商艱同聲感激但變間接而成直接將來

十七

設無論何事一律援之為請則在我既少外婉商之效果在彼亦少一代表之機關是兩有不便也又況此次兵變以後受損失者不止一人一家帳債牽連大有治絲而棼之勢故做會前次代陳錢幫所擬虛票實票辦法即已情見乎詞設非先將關節疏通而邊事會議彼此推諉既暘增外人之疑責重一幫又必無甘心之理兼之閣鎮捐失數目業已調查就緒並蒙都督給咨赴京要求償恤如天之福得荷政府曲賜矜全自當先就外欵清還則更不必多此一舉敝會等再三集議所見畧同擬請貴司轉呈副總統俯鑒下情准由敝會邀

並希見復施行須至咨者

前外交司復漢口商務總會咨六月二十六日發

為咨復事案准貴總會咨除原文有案不錄外尾開擬請轉呈副總統俯鑒下情惟准由徽會邀集閣鎮商家另擬妥協辦法再行移請轉詳示遵總期有以仰慰政府體恤之深心兼酬外人贊成之盛意是否有當理合備文咨請查核辦理並希見復等因准此查此案前奉都督諭據貴總會呈錢幫集閣鎮商家另擬妥協辦法再行移請轉詳示遵總期有以仰慰政府體恤之深心兼酬外人贊成之盛意是否有當理合備文咨請貴司查核辦理

公署開商等自漢口經兵燹後外幫欠商欠項未能照收以致所欠銀行各欵無從措充應請都督垂念商艱照會各國領事轉飭各外國銀行展緩索取從容籌還等語已批准如所請飭即先與外國銀行接洽妥商辦法呈候核示等因奉經函知各銀行查復旋准各銀行擬請組織一委員會由漢口號莊暨各商家公推代表與都督特派員集合而成入手辦法即調查清還債欠究竟需欵若干然後由政府協同商議如何籌備此欵一俟辦法擬就發交各銀行即當從速籌議函復前來當以該行所擬辦法是否可行咨會財政司

酌定辦法見復並將此案情由會同呈請都督批示定期開會妥擬辦法呈候核交各銀行從速籌議咨明貴總會此事由錢幫呈請現在委員會議函應舉定代表集議妥擬辦法轉呈並照會江漢關轉知貴總會定期知照各號莊推定代表赴會並將所定日期見復暨咨報財政司查照各在案查原議委員會係由漢口號莊暨各商家公推代表並無銀行派員與議現在委員均已派定自應遵照都督批示從速辦理不必另生枝節所請轉呈准由貴總會速集合鎮商家另擬辦法礙難照轉相應備文咨復為此合咨貴總會請煩查照希

即遵照都督批示辦理是荷須至咨復者

民國三年三月二十二日收法館照會稱外國銀行因革命受有損失一事中國負債各戶內間有具償還之能力者奈其藉口中央政府尚未認賠其所損失抵賴不還本公使屢次並於上月二十五日與貴總長面晤時陳述一切當承貴總聲明中國政府員願敦催負債者令其清還各賬目云云如此辦理則革命損失請償之額足可抽出若干故應設法以達目的實為中國政府之益也為此特將一千九百十二等年革命時負欠東方滙理銀行各受害之債戶開具名單三分照送貴總長披閱此單不過僅屬京津兩支行其關於滬漢各支行者一俟開有清

單再行照請貴總長查閱可也

Sixièmes des échéances	Genre de Commerce	Observation
14 Janvier 1912	Marchand de Soie	pille
26 Février 1912	Marchand de piece goods	pille et Brule
5 Mars 1912	" " "	pille
24 Février 1912	Marchand de Soie	pille
6 Avril 1912	Marchand de Charbon	do
13 Avril 1912	Marchand de piece goods	do et Brule
13 Avril 1912	Epicier	do
13 Avril 1912	Marchand de piece goods	do
31 Mars 1912	do do	do et Brule
31 Mars 1912	do de vieux habits	do do
31 Mars 1912	do de piece goods	do do
31 Mars 1912	do do	do do
31 Mars 1912	do do	pille
31 Mars 1912	do de vieux habits	pille et Brule
31 Mars 1912	do do	do do
31 Mars 1912	do do	do do
31 Mars 1912	Droguiste	do
30 Mars 1912	Marchand de piece goods	do do
31 Mars 1912	do de Soie	do
11 Mars 1912	do do	do
11 Avril 1912	do do	do
31 Mars 1912	Banque	do
31 Mars 1912	do	do
31 Mars 1912	do	do et Brule
31 Mars 1912	do	do do
31 Mars 1912	do	do
31 Mars 1912	do	do
31 Mars 1912	do	do
30 Mars 1912	do	do
4 Octobre 1911	Marchand de piece goods	do et Brule
19 Octobre 1911	Marchand de vieux habits	do do
4 Octobre 1911	Epicier	do do

Liste de nos débiteurs Chin[ois]

noms des Débiteurs	noms des débiteurs en Chinois	montant des Créances
Yu Feng Tai	裕豐泰	Tls 4500.-
Chuan Hua Tai	全華泰	5000.-
Ta Chi Chang	大吉昌	3000.-
Yuan Fa Hong	源發恒	5000.-
Jui Ching	瑞慶	5000.-
Chung Shin Shun	中新順	5000.-
Yi Hsin Heng	益興恒	10000.-
Sheng Shin Shun	盛新順	5000.-
Shie Jui Chen	協瑞盛	6000.-
Wen Sheng	文甫	2000.-
Li Ting Foo	李定記	1700.-
Ho Chi	厚吉祥	4500.-
Ta Chi Hsiang	大成泰	4500.-
Yi Cheng Tai	義德壹	2800.-
Yi Te Cheng	義興合	9000.-
Yi Hsin Tai	義心德	1800.-
Pao Hsin Yang	寳瑞記	9000.-
Shie Jui Ho	協合興	5000.-
Yung Ho Te	同德祥	16000.-
Yuan Chi	源記元	10000.-
Tung Yi Hsin	同益真	5000.-
Jui Ling Hsiang	瑞林厚	10000.-
Hui Hong Yuan	滙鴻和	6000.-
Foo Ho Cheng	福祥慶	8000.-
Chung Yu Ho	中總慶	1800.-
Te Cheng Heng	德敬長	4000.-
Yuan Ching Chang	源德瑞	5000.-
Te Jui	裕銀	5000.-
Fu Feng Custom Bank	富豐泰	20000.-
Chuan Hua Tai	全華盛	2000.-
Wen Sheng	文昌	1400.-
Foo Chu Chang	福聚	5000.-

145

Agence de Pékin

Dommages matériels subis pendant
...

	montant de la dette	nature du dommage	
西斜街	长 5.000,-	pillé	破搶
西单牌楼	10.000,-	do	又
西長安街	10.000,-	do et brûlé	破搶燒
西单市口	10.000,-	do do	又
东单牌楼	4.000,-	do do	又
礼士胡同	4.000,-	do do	又
东の七条	2.500,-	do	破搶
齐外大街	2.000,-	do	又
前门大街	3.000,-	do et brûlé	破搶燒
东单牌楼	2.000,-	do do	又
後门外	3.000,-	do	破搶
西闹市口	8.000,-	do	又
西長安街	50.000,-	do et brûlé	破搶燒又
〃	22.000,-	do do	又
内務部街	20.000,-	do	破搶
隆福寺	4.000,-	do	又
天津	3.000,-	Disparu	出京
陝西	$3.500 c 70=$2.450	Massacre	在任破害
	长 164.950,-		

146

Banque de l'Indo-Chine

Créances impayées par suite de d
la révoluti[on]

Nom du Débiteur		Profession		Adresse
Yu Hsin Tang	玉塘 興壽	Mont de piété	當鋪	Si Sse Kie
Tseng Shou Tang		do	又	Si Tin pre Lo
Tien Chuan	天瑞 鼎泉	do	又	Si Chan An Kie
Joe Chuan	瑞寶 增	do	又	Si Tan Nao Che K
Joe Tseng	寶元 善	do	又	Tung Tin poo lo
Pao Tcheng	元宝 聚	do	又	Li Che Hutung
Yuen Chu	宝德 成	do	又	Tung se Tsi Tiai
Pao Tcheng	德永 信	do	又	Ki Wei Ta Kie
Te Chan Hsin	永乙 昌	Magasin et Soie	網緞店 洋货茶	Chien Men
Young Chang	乙萬 大	Marchand de Che		Tung Tin poo lo
Young Ta	萬 成	do	又	Ho men Wei
Wang Tcheng	成 興	Mont de pité	當鋪	Si Nao Che Ko
Kouang Hsin Chuan	廣 興泉	Banque Chinoise	銀号	Si Tchang An Ki
do		do	又	do
Tsoung Chao Tin	叢兆丹	Commerçant	商人	Nei Wou pou Ki
San Ho Kung	三和公	Marchand Curiosité	古玩	Young Tou Sou
Yuen Tze Hue	素志君	Mandarin	官	Tientsin
Te Cheo Tche	德受之	Préfet	知府	Shen-Si

147

dommages provenant

Montant de la dette		Remarque	
$	8,000.-	Disparu	出京
	10,000.-	do	又
	40,000.-	do	又
	2,000.-	do	又
	30,000.-	do	又
	10,000.-	do	又
	14,700.-	do	又
	15,000.-	Ruine de la Revolution	因变破傷
	2,000.-	Fermé	停業
	2,000.-	Ruine par la Revolution	因变破傷
	2,000.-	do	又
	6,000.-	do	又
	10,000.-	do	又
	1,400.-	Fermé	停業
	2,100.-	do	又
	3,500.-	do	又
	9,000.-	Il ne peut se faire rembourser par le gouver qui lui doit l'argent	前清工程欸未結
	6,000.-	Pillé	被擄
	3,864.70	Insolvable depuis la Revolution	因变破傷
	13,484.94	do	又
$2,000.-a 70 = 1,400.-		Ruine par la Revolution et Fermé	関閉
$	192,149.04		

Banque De L'Indo-Chine.

Créance impayées par suite de
de la révolution

Nom du Débiteur	Profession	Adresse
Chow Tsai Chen 周宗丞	Mandarin 官	Ta Tien Shoi Kin 大甜北井
Pou Ho Chai 薄後齋	Duc 公爵	
Chen Han pou 陳翰甫	Ex. Dr. Y.C.B. 齊大佛銀行經理	
Yu Lan Fan 王崑謹	Commerçant 商人	Ki Chai Wo Tiao 闌木之条
Chung Che Kin 鐘志肅	Mandarin 官	
Prince Lou	Prince 王爵	Chuan pan Hutung 船板胡同
do	do	do
Wang Siao Fan 汪筱方	Banquier 銀號商人	Ta mo Chang 打磨廠
Pao Tung 宝通	Mont de piété 當鋪	Chun Wei Che Che 崇外茶食胡同
Chen Si Woo 陳錫五	Commerçant 商人	Wei Kia Hutung 魏家胡同
Sun Yu Ting 孫佑亭	Mandarin 官	Young Nin Hutung 永寧胡同
Tsi Ki Ho 季源和	do	Kia Sin pou Kie 舊刑部街
Wang Yuen Hen 萬源恒	Banque Chinoise 銀號	Ta Ki Kia Hutung 大吉家胡同
Wang Chang 萬昌	Gadoun 棧房	Hua Sou Takie 花市大街
Yi Hsin 異義	Marchd de Fleur 花店	do
Te Hsin Loung 德隆	Gadoun 棧房	Yientsin Chin Che Kié 天津針市街
Yang Hua Ying 楊華廷	Entrepreneur 匠工人	Chung wei Sia Eul Tiao 崇外二条
Lou Tien Che 陸天池	Mandarin 官	Yan yo Hutung
Yu Hsing 裕興	Fondeur 爐房	Tchou pao Che 珠寶市
Yu Fang 裕豐	do	do
Tung Fou Tchan 同豐棧	Gadoun 棧房	Hua Che 花市

Tous les debiteurs indiqués sur cette liste seraient susceptibles
nous rembourser une partie, ou la totalité de leur dette.

民國三年三月三十一日收法館續送上海滙理銀行債務清單

Raisons et causes de non paiement à l'échéance 到期不付之原故	Situation actuelle des débiteurs principaux 现时景况	Garanties en nos mains 现有抵保品	Observation 伸说
Ne peuvent pas rembourser par suite de la crise financière causée par la révolution. 因革命损失无力偿还	Situation passable continuent les Affaires 勉强营业	m 玉 l h 69,1,4,1 de terrains et maison $ 272,000 7 Mous " " $ 46,000 m f l h 47,5,4,8 " " 40,000	Il y a lieu d'ajouter pour mémoire aux sommes ci-conclus les intérêts, commission et tous frais. 以上应加利息用等 及各项开支
"	En difficulté d'argent 勉强持支	2° hypothèque sur terrain de 4,8,5,5, bâtiments européens val. $ 300,000.- et hypothèque au rang poser $ 25,900:-	"
"	En liquidation 收帐	900 actions Tien Yi Land Co. val $ 18,000 400 Doh Tah Wharf Co. 10,000 3200 Wah Tung Duerre Co. 32,000	"
"	Passable 平常	m f l h 35,3,8,0 maisons et terrains val. $ 156,760	"
"	En liquidation 收帐	m f l h 25,5,1,9 " " val $ 120,000	"
"	passable 平常	m f l h 4 F " 36,000	"
"	Passable 平常	1920 ares de terrains situés en Mandchourie près de Moukden val. $ 25,000.-	"
"		Nota: Sur ces avances il a été remboursé depuis l'establissement du relevé ci-contre Ching Dah $ 400 le 20 Mai 1913, Wei Yue Bank $ 5000 17 Nov. 1913 -do- $ 5000 20 Dec. 1913 兹以上所属于西 历一千九百十三年乱大付 过账卯百两金额付过账 一筹西	"

noms des débi-teurs princip-aux	noms des garantes	adresse	profession	montants des avances	Total des avance	dates des avances primitives
債戶宇号	擔保者	地址	行業	只書欠	總欠	借之時日
			Report	1,456,200	1,456,200	
Yue Chen Kong Tze 有成公司				150,000		20 Sep. 1911
Tcheng Kong 鎮康		mantao of Chinese city 南市	Commerçants 商号	30,000	210,000	" "
King yui Dong 苟文義堂	Wu Teng Wong			20,000		" "
Lin Chang yin 刘長隆		Compradore R. Alleman 立興買辦	Commerçates	80,000	80,000	18 Jui. "
Dong Kong 同康		Chinese city 南市	Banquiers 莊号	40,000	40,000	20 Mai. "
Seng Teng Kee 沈棟記		near West gate 西門外	Commerçant 商号	80,000	80,000	9 Juin. "
Wei Yue Bank 念傑莊		near East market 东门外	Banquiers 錢莊	60,000	60,000	28 Sep. "
Hong Yuen 江鳥源		Kin Kiang R. 九江路	Commerçant 商号	20,000	20,000	8 Sep. "
Yuen Tsan 雲旺		Tzechuen R. 四川路	Commerçant 商号	18,000	18,000	4 Aout "
			Total Tls	1,964,200	1,964,200	

Créances en suspens par suite de l'insolvabilité des débiteurs sans qu'ils aient eu a souffrir de dommages directs

Banque de l'Indo-Chine Agence de Shanghai

le Comptable
Signé J. Donard

le Directeur
Signé L. Ardan

Raisons et causes de non paiement à l'échéance 到期不付之緣故	Situation actuelle des débiteurs principaux 現時景況	Garanties en nos mains 現下押保品	Observations 伸說
ne peuvent pas rembourser par suite de la crise financière, causée par la Révolution 因革命損失無力償還	En liquidation 收曲長		il y a lieu s'ajouter pour pour mémoire aux sommes ci-contre, les intérêts, commission et tous frais. 以上應加利息佣金以及各次開支
"	Passable continuent les affaires 勉強營業	Terrain et fabriques valant environ ₣ 600,000.- 廠基房產机裝約值銀六十萬兩	"
"	En liquidation 收曲長		"
"	Passable continuent les affaires 勉強營業	Terrains, bâtiments, machines, matériaux valant environ ₣ 450,000 廠基房產机裝約值銀四十五萬兩	"
"	En liquidation 收曲長		"
"	"		"
"	En difficulté d'argent, mais recueilles bonnes Lee Yue Bank en liquidation 勉強營業 立傑收曲長	Titres de propriété, maisons et usines valant environ ₣ 740,000.- 市市房產約值銀七十四萬	"
"			"

Noms des débiteurs principaux 債戶字號	noms des garants 擔保者	Adresse 地址	profession	Montant des avances 欠數	Total des avances 總數	Dates des avances primitives 借之時日
Song Dah Bank	Ching Chong 正		Banquiers 錢莊	$95,700	$231,200	26 Mai 1911
Yue Dah "				65,500		25 Sep. "
Tse " "				35,000		7 " "
Ching " "				15,000		11 " "
Yeh Ching "				20,000		9 Mai "
Seng Ming Yee	Dong Chang Cot. Spinning & Weaving Co. Ltd. 同昌紗廠有限公司	avenue de Bezani Soul of Chinese Bund 貝當路華界外灘	Industriel 實業	240,000	440,000	20 Sep. "
Dong Chang "				50,000		11 Jui. "
" "				60,000		20 Avi "
Yue Tong				40,000		11 Sep. "
Hong Yuen				50,000		15 Avr. "
Jou Sing	Minchen Iron engineering works 恆昌老和鐵廠	avenue de Bezani Soul of Chinese Bund 貝當路華界外灘	Industriel 實業	80,000	310,000	19 Mai "
" "				50,000		20 " "
Tse Kee				30,000		
Dong Shen				60,000		
" "				40,000		27 Sep. "
Wei Yue Bank	Mr. M. Y. C. Lee " Y. S. Lee proprietaires & actionnaires	Szechuen Road 四川路三號 A	Commerçants et Banquiers 商業	50,000	475,000	7 " "
Lee Yung Chang				400,000		28 " "
Lee Yung Chu				45,000		29 Mai "
Lee Yue Bank				30,000		22 " "

A Reporter — Tls. 1,456,200

民國三年四月一日收法康使函稱東方滙理銀行於革命時所受損失一事業於本月十九日照知貴部在案茲復將漢口滙理分行借與該處華商各銀號墊欵因革命未見償還者逐條開單送上貴總長披閱此單開列各商姓字住址均用華文以便調查諒中國政府必然竭盡能力照貴總長前次晤面所聲明者設法促令各該債戶清還其賬以收效果實為本大臣所切信者也

Montant	Taux d'interet	Folio du grand livre et du registre des Avance aux Banquiers Chinois		
20.000	0.30	12	(8)	118
40.000	"	"		"
30.000	"	"		"
20.000	"	121	(8)	75
20.000	"	"		"
43.000	0.38	103	(7)	84
60.000	"	"		"
15.000	"	"		"
45.000	0.30	121	(8)	"
65.000	"	"		"
225.000	"	"		"
94.000	"	"		"
50.000	0.38	103	(7)	106
40.000	"	"		"
48.000	"	"		"
100.000	0.30	121	(8)	"
60.000	"	"		"
100.000	"	"		"
55.000	"	"		"
10.000	0.38	103	(7)	112
50.000	"	"		"
104.000	"	"		"
50.000	0.30	121		"
40.000	"	"		"
1.434.000				

Noms des Banquiers	Caractères Chinois	Adresse au moment de la révolution	Date de l'avance	Echéance de l'avance
Tsai Hen Tai	蔡恒泰	黄陂街	21 Septembre	11 Novembre
			6 Octobre	3 Janvier "
Tcheng Fong	成豐	聚興里	21 Septembre	20 Novembre
Yu Kang	豫康	周家巷	28 Avril	"
			13 Mai	5 Novembre
			18 Mai	"
			25 juillet	21 Octobre
			9 Aout	5 Novembre
			23 Aout	20 Novembre
			21 Septembre	19 Décembre
Ho Choui Hin	合瑞興	大智門外	28 Avril	20 Novembre
			13 Mai	5 "
			27 "	20 "
			9 Aout	5 "
			23 "	21 Octobre
			21 Septembre	19 Décembre
Feou Tong	阜通	周家巷	18 Mai	5 Novembre
			27 "	20 "
			25 juillet	21 Octobre
			23 Aout	"

A Reporter

Montant	Taux d'interet	Folio du grand livre et du registre des avances aux Banquiers Chinois		
1.434.000				
140.000	0.30	12	(8)	112
60.000	"	"		"
90.000	"	"		"
40.000	"	"		"
30.000	"	"		"
40.000	"	"		125
80.000	"	"		"
10.000	0.25	"		193
10.000	"	"		"
1.934.000				

...us aux 31 Octobre
4.5%

...t controlé par le Chancelier du Consulat
...nver 1914

...anquier De l'Indo-Chine
  Agence de Hankéou
  Caissier   Le Directeur
  Mandy   (S) Trouiller.

Nom de Banquiers	Caractères Chinois	Adresse au moment de la Révolution	Date de l'avance	Echéance de l'avance
Feou Yong	牟逼	周家巷	21 Septembre	Report: 20 Novembre
			"	"
			6 Octobre	19 Décembre
			"	"
				3 Janvier
Ouang Hao Yche	黄浩芝	花楼桥巷	25 juillet	21 Octobre
			21 Septembre	19 Décembre
Feou Tchiang Miou Hin	牟祥茂拿	苗家碼頭正街 提口	6 Octobre	5 Novembre
			"	"

Total ....

Le montant des intérêts d[e]
1911 était de Tls: 472.52

Certifié conforme à l'ét[at]
de France le 30 ja[nvier]

(S) Le J.

民國三年四月二十五日收法館節畧稱關於滙理銀行債權由革命之結果致負債者不能償還一事送經本館交涉中政府曾允就其力之能及者設法清理故外交部曾請滙理銀行先行聲明意見是否但願實收抵押品或仍請玩債不償者設法追索等情各在業關於此節本館以為應行分別如下

一負債者有力償還或可以設法清理而故事拖欠者滙理銀行將此項債務者按處詳細開單附送在上海漢口各理事對於該債務者亦向會審公堂追究

二負債者曾經交有不動產作擔保者關此項以上

海支店之借款為尤著
其負債者之抵押品坐落租界或外人可以治產
區域之内者滙理銀行即急行進究將抵揮品變
為自有之財產至負債者之不動產抵揮品坐落
在租界或外人可以治產區域以外者當另作計
畫本館請中政府將來加之干涉由行政或他項
方法使負債或其擔保者完其債務俟至適當之
時即將關於此節之清單送之於中政府
三負債者業已逃亡破產或全然無力償還對於彼
等無論設何方法皆屬盆者
對於此種中政府亦難處理本館惟有將滙理銀

行請求之大綱提出俟將來訂定規則和平了結
如無和解之法或可歸諸公斷
以上所揭各節如中政府之干涉不生效力無論若
何情形法國使館由外交方面皆認有權保護滙理
銀行之利益

「原檔於此文後尚有華洋文北京債戶清單」

二十四

— Chine

...ur dommages subis au cours de la
1912
e rembourser leur dette ou tout ar-
...ements avec leur créancier

montant de la dette		Remarque	
	$ 8000.—	Disparu	出京
	10000.—	do	又
	40000.—	do	又又
	2000.—	do	又
	30000.—	do	又
	10000.—	do	又又
	14700.—	do	又
	15000.—	Ruiné par la Revolution	因變弱傷
	2000.—	Fermer	停業
	2000.—	Ruiné par la Revolution	因變弱傷
	2000.—	do	又
	6000.—	do	又又
	10000.—	do	又
$ 2.000	1400.—	Fermer	停業
$ 3.000	2100.—	do	又
$ 5.000	3500.—	do	又
	9000.—	il ne peut se faire rem- bourser par le gens qui lui doit de l'argent	前清出租欠未償
	6000.—	Fille	跳樓
	3864.10	insolvable depuis la Revolution	因乱破傷
	13184.94	do	又
$ 2000 — 1/2	1400.—	Ruiné par la Revolution et Fermer	清了拜
$ 192.149.04			

Banque de l'Indo[chine]
Agence de Pék[in]

Réclamation de la Banque de l'Indo-Chine po[ur]
Révolution 1911 —
List des débiteurs qui seraient susceptibles d[e]
moins de prendre des avanc[es]

nom du Débiteur		profession		adresse	
Chow Tsai Chen	周家臣	Mandarin	官		
Pou Ho Chai	溥後齋	Duc	公爵	Ta Tien choei Kin	大甜水井
Chen Han pou	陈翰波	Ex. Dr. Ta Ching	理銀行清		
Yu Lan Fou	王嵐甫	Commerçant	商人	pi chai wo Tiao	闢才王條
Chung Che Kin	鍾志謹	Mandarin	官		
Prince Sou	肅王	prince	王爵	Chuan pau Hutung	船板胡同
do	又	do	又	do	又
Wang Siao Fan	汪俊舫	Banquier	銀号商人	Ta me Cheng	打磨廠
Pao Toung	寶通	Mont d Giete	當舖商	Cha Chi Hutung	崇外茶食胡同
Chen Si Woo	陈錫五	Commerçant	商人	wei Kia Hutung	魏家胡同
Sun Yo Ting	蓀佑亭	Mandarin	官	Yong Nin Hutung	永寧胡同
Tsai Ki Ho	蔡李和	do	又	Kio Lin pou Kie	唐刑部街
Vang Yuen Hen	萬源恒	Banque Chinoise	銀号	Ta Ki Kie Hutung	大吉巷胡同
Wang Chang	萬昌	Godown	棧房	Hue Sen Ta Kie	花市大街
Yi Hsin	義興	Hcherch de Fleur	花店	do	又
Te Hsin Loung	德興隆	Godown	棧房	Tientsin Chin Che Kie	天津金市街
Yang Hwa Ting	楊華廷	Entrepreneur	包工	Sie cul Tiao	崇外下二條
Lan Tien Che	藍天池	Mandarin	官	Yang Yo Hutung	羊肉胡同
Yu Hsing	裕興	Fondeur	爐房	Tchou pao che	珠宝市
Yu Fong	裕豐	do	又	do	又
Ting Fou Tchin	同豐棧	Godown	棧房	Hua che	花市

民國三年四月二十九日法公使康德繡譯伯瑋會
晤次長問答

東方滙理銀行損失賠償事

法康使云滙理銀行之損失貴部云須由滙理出庭
控告各債戶方可代僱試問向何衙門控訴上
海漢口有會審公堂可以審問華洋訴訟北京之債
戶將如何控告乎若貴部必欲使該行控告債戶西
人不能受中國之裁判載在約章勢必須組織會審
公堂若中國拒絕會審則本公使逕向海牙起訴敢
斷定法國必得勝算也蓋中國既迫法銀行控告在
先而又拒絕會審於後是中國將討債之方法取消

當然自任償還之責本公使甚願貴部主持此等辦法次長答按之條約本國政府對於欠洋債者只有催討之責並無代還之務再者控訴債戶之辦法原非本次長所主持即使有會審公堂亦無好結果況又不能因此事而組織之于總之中國政府既無代商家償還債務之責亦不欲使銀行家喫倒債之虧甚願籌一完善之辦法不止滙理一家得沽其益凡受損失各銀行皆可得一律之待遇方為正當之辦法即以天津而論前者華商虧欠洋商資本甚多因不能償還而起訴訟至多時判華商還債而華商依

然無力償還此此後始有保商銀行之成立而華洋各商交受其利矣
法康使答本公使甚樂聞貴次長持平之論且純由事實上設想究不知擬有何等辦法是否欲仿立一保商銀行
次長答將來之辦法尚未核定擬俟審查會議結各案後再將此節詳細研究

民國三年七月九日收法康使照會稱漢口滙理銀行請償各欵內有華人王某所欠該銀行之欵項因借欵時王某將其主有地畝契紙交付銀行作為抵押品於去年十二月經由本館將審查會所聲明滙理銀行既持有得能變價之抵押品以補拖欠之欵則所請賠欵不能受理若出售抵押品不敷償還則所虧之數可以要請代償諸語達知該銀行自去年十二月以來極此力將此抵押品地畝售出旋因不能和衷辦結只得稟請漢口法領事出而辦理奈該領事屢與武昌有司磋商該有司應如何照中國政府之意將此案竭力完結乃竟時時作梗

二十七

用無根據有牴觸之反對以答銀行之請求本年一月間銀行請將王某逮捕該有司俱為不知王某匿居之所後更運用他策以所交出墊欵合同係屬偽作不能捕拿為推諉之辭夫王某前既施有運動足徵具承認領有合同所載墊欵無疑該有司何能以此作為藉口似此態度其結果如何之重及中國政府所擔如何責任在在本公使無勞饒舌如此遷延豈非與公理背馳乎而中國政府因此以致直接擔當王某欠欵已無疑義矣

民國三年七月十七日發江漢關監督兼特派員飭
稱准法使照稱漢口滙理銀行請償各欵內有華人
王某所欠該銀行之欵項因借欵時王某將其所有
地契交於銀行作抵前經本館將審查會聲明滙理
銀行既持有抵押品以償欠欵所請賠償不能受理
若出售抵品不敷償還所虧之數可以要請代償諸
語達知該銀行該銀行當即將此抵押地畝設法出
售旋因不能和衷辦結稟請漢口法領事出而辦理
奈領事屢與武昌有司磋商該有司不能仰體中國
政府之意迄未照辦本年一月間銀行請將王某逮
捕該有司伴為不知王某匿居之所後更運用他策
二十八

以所交出墊款合同係屬偽作不能捕拿為推諉之
辭夫王某前既施有運動足徵具承認領有合司所
載墊款無疑該有司何能以此籍口似此態度其結
果如何在本公使無勞饒舌而中國政府因此以致
直接擔當王某欠欸已無疑義等因查王某欠還滙
理銀行欸項一案據稱有司推諉等情究係如何情
形本部無從懸擬但遷延日久亦非辦法相應飭知
該特派員就近調查此案實情秉公辦結並將辦理
情形迅速詳部核奪此飭

権字柒拾肆號 地

通商司廳 榷算科 門 類原 司股

共收文 件共發文 件附 件計錄 件

民國四年四月二十六日繕竣

送司廳

抄檔

民國三年八月六日收法康使照會稱爲照會事竊商初次革命損失賠欵之時屢經中國政府聲明甚願東方滙理銀行自行向華人索討欠欵在政府一面自當誠心贊助等語是以本公使兹將該銀行所執有過期許久尚未償還之借據七紙開單送閱尚望貴總長費神轉飭該管有司向債戶及中保索要本息設若無效則當按照條約所載辦法由兩國官員會同進討可也

計䏆七件

者季和今借到北京東方滙理銀行公砝平足銀一千兩整言明按月八厘行息以三個月爲限期

至四月十三日本利一併歸還恐口無憑立此借
擾存照民國元年正月十三日立借擾者李和押 報子街
承還保三順齋街 報子 嵩佑亭押 胡同 外有房契八
紙套 紅契二張 又紅契一套白字二張
白字二張
德善號今借到北京東方滙理銀行龍洋四千元
整言明按月七厘行息以五個月為限期至二年
五月初三日本利一併歸還恐口無憑立此借擾 西哥洋
存照民宣統元年十二月初三日立借擾德善號
經手人王鏡泉承還保王星垣押石板房
外有房契三套作抵

宣統二年六月三十日收還洋一千元正

董建泉今借到北京東方滙理銀行公砝平足銀壹萬兩整按月八厘行息以三個月為限期至四月十三日本利一併歸還恐口無憑立此借擾存照民國二年一月十三日立借擾董建泉押胡同章承還保天興金店珠寶市錦什坊街永和銀號外有本身房契一套作押

和順當記今借到北京東方滙理銀行公砝平足銀三千兩整言明按月八厘行息以三個月為限期至九月十八日本利一併歸還恐口無憑立此借擾存照民國元年六月十八日立借擾和順當記郝燕承還保金佩如

萬源恒銀號今借到北京東方滙理銀行公砝平足銀壹萬兩整言明按月八厘行息以三個月為限期至四月二十六日本利一併歸還恐口無憑立此借據存照民國年正月二十六日立借據

萬源恒銀號胡大齊家承還保魏星臣押胡大齊同家德順板厰

准該號代為章回家

增壽堂今借到就東方滙理銀行公砝平足銀三千兩整言明按月八厘行息以三個月為限期至九月二十五日本利一併歸還恐口無憑立此借據存照民國元年六月二十五日立借據增壽堂承還保金佩如 外有金佩如房契二套作押

北新橋石雀胡同

萬和泉記今借到北京東方滙理銀行公砝平足
銀三千兩整言明按月八厘行息以三個月為限
期至八月二十六日本利一併歸還恐口無憑立
此借摺存照民國元年五月二十六日立借摺萬
和泉記集承還保金佩如倉新（北京中英大藥房觀音寺）
外有地契一套作押

promissory notes
in Wai Chiao pou
Aux
poursuites

nalités pleins	montant restant du	intérêts au taux de	arrieres depuis le
Chuan 泉	Tls:- 3.000.00	8% par mois	26eme jour de la 5eme lune de Jen Tse
cant han 德善 d'Or	3.000.00	7% par mois	3eme jour de la 12eme lune de la 1ere année de Chuen Teng sur Tls:- 4.000 (capital primitif) 20eme jour de la 6eme lune de la 2eme année de Chuen Teng sur Tls:- 3.000
利 i Ho	6.000.00	8% par mois	11 Mars 1912
源萬 en Heng 恆萬	10.000.00	do	20 Mars 1912
Shun 和順當	3.000.00	do	26 Juin 1912
a piete r Tang 增壽堂	3.000.00	do	25 Juin 1912
rant n Chuen 建泉	10.000.00	do	9 Janv. 1913

Bordereau Des promissory no
Transmis Au Wai Chiao Pou
Aux
Fins De poursuites

No.	Echéances	Noms & Qualités des souscripteurs	Restant
506	26 ème jour de la 8 ième lune de Jen Tse.	Wang Ho Chuan 萬和泉 Commerçant	Tls:–
614	9 Janvier 1910	Ten Chan 德善 Marchand d'Or	
704	29 Mai 1912	恭李和 Chi Hi Ho Mandarin	
713	11 Juin 1912	Wang Yuen Heng 源恆萬 Banquier	
768	18 Sept. 1912	Ho Shun 和順當 Mont de Piété	
769	25 Sept. 1912	Tsen Chow Tang 岑壽堂 Restaurant	
827	13 Avril. 1913	Tsoung Kien Chuen 董建衆	

民國三年八月十五日致內務部暨江蘇湖北巡按使咨
稱為咨行事准法康使照會稱礎商初吹革命損失
賠償之時屢經中國政府聲明甚願東方滙理銀行
自向華人索討欠歉政府自當誠心贊助等語是以
本公使特將一千九百十一二年革命時負欠該銀
行京津滬漢各支行之債戶分別開具清單及所執
借據送閣尚望費神轉飭該管有司向債戶及中保
要索本息設若無效則當按照條約所載辦法由兩
國官員會同追討並另具節略聲明意見等因到部
查東方滙理銀行曾以此事迭向本部設立外人損
失賠償審查會要求賠歉當以事關歉項轇轕若一
四

律允其辦理誠恐同類之要求將不勝其煩是以認為間接損害只願該行自向債戶索欠允由地方官代為催討係屬履行條約之事相應照錄節畧並將原送滙理銀行北京漢口天津上海支行債欠清單一份及借據七紙咨送貴部巡按使查照飭屬遵照辦理隨時見復可也此咨 附件

民國三年八月二十日收內務部咨復事准貴部咨稱准法康使照會稱磋商初次革命損失賠償之時屢經中國政府聲明甚願東方滙理銀行償還之時屢經中國政府聲明甚願東方滙理銀行向華人索討欠歇政府自當誠心贊助等語是以本公使特將一千九百十二年革命時負欠該銀行京津滬漢各支行之債戶分別開具清單及所執借據送閱尚望費神轉飭該管有司向債戶及中保要索本息設若無效則當按照條約所載辦法由兩國官員會同追討並另具節略聲明意見等因到部查東方滙理銀行曾以此事迭向本部設立外人損失賠償審查會要求賠歇當以事關歇項輾轉若一律允其

五

辦理誠恐同類之要求將不勝其煩是以認為間接
損害尺願該行自向債戶索欠允由地方官代為催
討儻屬履行條約之事相應照錄節畧並將原送滙
理銀行北京支行債欸清單一份及借攃七紙咨送
貴部查照飭屬遵照辦理隨時見復等因准此見貴
部慎重交涉之意惟查外商索償欠欸係屬私人債
務自可由債權者向地方官廳請求追償抑或由該
管領事按照約章辦理本部碍難轉行相應將清单
一份借攃七紙一併咨復貴暑查照辦理 附件具
、照譯法館節畧
關於滙理銀行債權由革命之結果致負債者不

能償還一事迭經本館交涉中政府曾允就其力之能及者設法清理故外交部曾請滙理銀行先行聲明意見是否自願寬收抵押品或仍向玩債不償者設法追索等情各在案關於此節本館以為應行分別如下

一負債者有力償還或可以設法清理而故事拖欠者滙理銀行將此項債務者按處詳細開單附送在上海漢口各理事對於該債務者亦向會審公堂追究

二負債者曾經交有不動產作担保者關於此項以上海支店之借欵為尤著

其負債者之抵押品坐落租界或外人可以治產區域之內者滙理銀行即急行追究將抵押品變為自有之財產至負債者之不動產抵押品坐落在租界或外人可以治產區域以外者當另作計畫本館請中政府將來加之干涉由行政或他項方法使負債或其擔保者究完其債務俟至適當之時即將關於此節之清單送至於中政府

三 負債者業已逃亡破產或全然無力償還對於彼等無論設何方法皆屬盆者對於此種中政府亦難處理本館惟有將滙理

銀行請求之大綱提出俟將來訂定規則和平了結如無和解之法或可歸諸公斷以上所揭各節如中政府之干涉不生效力無論若何情形法國使館由外交方面皆認有權保護滙理銀行之利益

民國三年九月十一日致警察廳函稱逐召者准法康使照會稱碻商初次革命損失賠償之時屢經中國政府聲明東方滙理銀行自向華人索討欠歇政府自當誠心贊助等語是以本公使特派將一千九百十二年革命時負欠該銀行京津滬漢各支行之債戶分別開具清單及所執借擾送閱尚望費神轉飭該管有司向債戶及中保要索本息設若無效則當按照條約所載辦法由兩國官員會同追討並另具節畧聲明意見等因到部查東方滙理銀行曾以此事逕向本部設立外人損失賠償審查會要求賠欵當以事關欠項輾轉若一律允其辦理誠恐同類

八

之要求悉由政府擔其責任寔有不便是以認為間
接損害只願該行自向債戶索欠允由地方官勸諭
各債戶速自籌措償以為轉圜之計相應將原送滙
理京行債欠清單一份及借據七份匨送貴廳查照
希即商令京師商會傳知各該債戶自行從速籌償
免涵交涉是為至要

民國三年九月十一日收法館照會稱為照會事此京東方滙理銀行欠戶延不償欠一節於七月三十日經本館將該銀行執有之借擾七紙照送查閱並請按照法律追令立字之人付還如果無效則可照章組織會審公堂以便銀行當堂追討等語迄今多日尚未見復是以本公使應請貴揔長將對於追借擾所擬辦法如何之處迅速示知為感

民國三年九月十二日收法康使照會稱為照會事華商因亂受有損失以致不能償還東方滙理銀行欠欵此情已由本館於本年四月二十四日照會貴揔長在案當經雙方言明在滙理銀行一面通知各分行將有力償還故為延緩者及可與通融辦理之各債戶開一清單在中國政府一面無論或用行政手續或用他項方法揔當向欠主及其保證人追討查前項清單已於本年四月二十日交於賠欵審查會而中國政府至今干涉/其事與否尚不得知如果定行干涉想亦無甚效力蓋有償還之欠戶頗不乏人耳設若中央政府不允按照前擬辦法辦理本

公使無奈不得不要求照約在北京組織中法會審公堂以便定行華法人民所定之合同至於滙理銀行所請償還不關革命之別項借擾本公使已另行照會提議設立會審公堂矣亦祈貴揔長注意可也

民國三年九月十五日復法康使照會稱為照復事東方滙理銀行欠戶或因亂受損或延不償欠一事接准三月十九日二十八日四月二十四日及七月三十日先後來照附送該銀行京津滬漢各分銀行債欠清單及借據等件業經本部分別咨行在京警察廳在外直隸江蘇湖北各巡按使轉飭所屬傳知各該債戶從速籌償在案正擬答復間適准本月八日來照催詢前因並謂如果無效則可照章在北京組織會審公堂以便銀行當堂追討等語查上開兩種欠戶既經本部分行內外當事機關轉令從速籌償應請轉飭告該行靜候該懍戶等前往繳欠至

十一

擬在北京組織會審公堂一節除通商口岸外約章無隨在可組織公堂之規定歉難照辦相應照復貴公使查照

民國三年九月二十八日致江蘇(直隸)巡按使咨稱為咨
行事案查駐京法使照請將華商因亂受損負欠東
方滙理銀行京津滬漢各支行欠項按照清單分別
轉行該管有司向各債戶要索本息一事經本部於
八月十五日咨行查照飭屬照辦在案查前項負欠
滙理銀行借欵雖係商人欠項輾轉當本部審查會
討論辛亥年外人因革命損失各案時法館委員即
將該行各項欠欵列入損失清單之內本部以係屬
間接損失力予駁拒彼仍堅持再四磋商始稍鬆勁
但要求由部分行地方官嚴為追討以符條約茲又
准法使照催前來現在辛亥年外人損失賠償一案

不日料理清結所有滙理銀行各欠戶欠欵數目
應由地方官將此案原由向商會劉切聲明並勸令
各債戶從速設法歸還或商定約期措繳方法剋日
電復庶辛亥賠償問題可完全了結其預備辛亥償
欵項下所餘欵項政府可自由另商辦法此事關係
至鉅萬勿視為尋常債務糾葛相應咨行貴巡按使
查照轉飭所屬趕速辦理并見復可也

民國三年九月二十四日收法康使照會稱為照會事東方滙理銀行欠戶延不償還一事經本館於四月二十四日五月十九二十八等日三十日九月八日迭次照會貴總長在案於本月十五日接准復稱業經分別咨行在京警察總廳在外直隸江蘇湖北各巡按使轉飭所屬傳知各該債戶從速籌償等情本館擾此想貴部既然干涉斯事自必著有成效惟有一層不得不請貴總長注意此案由第一次照會之日計之至今已逾五月有餘矣如再延緩不進豈非證明中國政府所提議之辦法不能收得定效也所以本公使仍以本國銀行按照約章有在會

十三

審公堂追討欠戶完全之權為是不期來照答復此節內云除通商口岸外約章無隨在可組織公堂之規定歉難照辦本公使查假使如此限制解釋一千八百五十八年十一月十五日中法約章為然則提議在天津組織會審公堂豈不為當然之事手天津原為通商口岸中國政府其將本於何理以否認是行條約即況貴部解釋該約第三十五條諸多有誤蓋該條欵內載法人與華人遇有爭訟領事官即移請中國官協力辦理查核明白秉公完結各等語由是觀之雖至今天津尚未設有公堂如法國政府以為必要時特有請求組織公堂之權至於北京雖非

通商口岸亦屬理同一致蓋組織公堂之權利毫無限制也無論居於中國何處之法人一有與華人爭訟均當按照一千八百五十八年條約第三十五條辦結耳滙理銀行在北京開設分行奉有中國政府許可與否此節本無疑義既然中國政府公行與該行捴辦商定之關於財政上重要事件實係明認該行設立為正當矣是以滙理銀行無論何時何事一遇與其欠戶爭訟自有要求請組織公堂追討欠戶之權保其正當利益如果將該權否認殊非公平之道中國政府若欲解釋除該項辦法則當竭力速將此等案件和衷了結可也

民國三年九月二十五日收法康使照會稱為照會事本國東方滙理銀行北京分行各欠戶未償借欵一事本館業於七月三十一日將該行持有之借擾七紙照送貴揔長查閱並請設法速行了結旋因未得復音復於九月八日及十八日催請貴部照辦各在案兹據北京滙理銀行揔辦稱其華報登有告白一段係關於拍賣該行欠戶于健珊之產業者查其產業原為借欵擔保品現因其他債權人呈訴以致警廳擬將該項擔保品拍賣等因本公使擾此相應照請貴揔長速行設法揔使滙理銀行此項擔保品權利保存之為要此外更有請者務祈貴揔長格外

注意夫中國政府對於滙理銀行欠戶延不償債却遲緩干涉久無定效如欠戶中之于健珊寔有償還欠欵之能力而亦不速干涉以致滙理銀行受損不鮮似此情形如仍無效則本公使更當本照條約要求定行本國人在公堂追討借欵之權以保利益也

民國三年十月一日致警察總廳函稱逕啟者案查駐京法使照請將華商因亂受損負欠東方銀滙理銀行各處支行欠項按照清單轉行該管有司向各債戶要索本息一事經本部將原送關於該京行欠戶債欵清單及借擾等件於本月十一日函送貴廳查照請商令京師商會傳知各該債戶從速籌償在案查前項負欠滙理銀行借欠雖係商人欠項輾轉當本部審查會討論辛亥年外人因革命損失各案時法館委員即將該行各項欠欵列入損失清單之內本部以係屬間接損失力予駁拒被仍堅持再四磋商始稍鬆勁但要求由部分行地方官嚴為追討

以符條約茲又准法使照催前來大致謂此項債欵
必須地方官切寔催繳清結使有著落然後可以不
向政府索償賠查咸豐八年中法和約第三十七欵
大法國致謂將來若有中國人負欠大法國人債項
者大法國人應告知領事官照會地方官查辦出力
責令照例賠償等語是地方官於華人欠外人欵項
本有出力追償之責現在辛亥年外人損失賠償一
案不日料理清結所有滙理銀行各欠戶欠欵數目
亟應亟請貴廳將此案原由向高會劉切聲明並勸
令各債戶從速設法歸還或商定約期措繳切寔辦
法克日見復庶辛亥賠償問題可完全了結現在國

家財政異常困難其預備辛亥償欵項下所餘欵項必待全案完結政府方可自由提用此事關係甚鉅萬勿視為尋常債務斜葛稍涉就延是為至盼

民國三年十月一日致法康使照會稱為照復事准本月十八日来文以東方滙理銀行欠戶延不償還一事若再延緩不能收得寔效本公使仍以本國銀行按照約章有在會審公堂追討欠戶完全之權為是如果將該權否認殊非公平之道中國政府若欲觧除該項辦法則當竭力速將此等案件和衷了結等因查前項華商負欠東方滙理銀行各欠本部業按照天津條約第三十七欵內載華人欠法人債項法人應告知領事官照會地方官查辦出力責令照例賠償之辦法分別行京外各機關轉飭嚴催速繳在案揆之關乎外人在華債務苟為約章^條所載本部

決無違背之理為條約所無則亦未能貿然認可茲准前因本部復分別咨行內外當事各機關嚴催各該欠戶從速責令切籌償還方法以期完結是本部對於條約上應盡之責任亦已盡力當為貴公使深諒除該地方官籌有辦法再行奉達外相應照復貴公使查照可也

民國三年十月二日發司法部咨稱為咨行事案查外國商民因亂損失要求賠償一事當本部審查會討論辛亥年外人因革命損失各案時法國使館委員曾將東方滙理銀行欠戶各華商欠欵列入損失清單之內本部以事關欵項轇轕只能認為間接損害再四駁阻彼因要求由部分行地方官嚴為追討以符條約旋准法康使照會將東方滙理銀行開具各處欠戶欵清單附送前來當經本部分別咨行各省該管地方官照辦並擇其關於北京各欠戶借各省該管地方官照辦並擇其關於北京各欠戶借歉單檢函送警察憝廳商令商務憝會傳知各該欠戶從速設法籌償各在案茲又迭准法康使照會催
九
217

辦此事並稱查報載審判廳拍賣產業通告內有王善甫石板房房產一所係有關於該行欠戶之抵押品請轉令勿將該房產遽行拍賣致該行受損等情查審判廳登報開列王善甫房屋一所既據法使稱係滙理銀行欠戶之押產檢閱原送欠欵清單內有王善甫擔保德善號欠欵三千元附有石板房抵押之劵是該銀行既受抵在先應請貴部轉飭該廳查明此案果尚有輾轉即當將該房產一所提出從緩拍賣免滋交涉相應咨行查照從速飭廳辦理為盼

民國三年十月三日致江蘇巡按使函稱逕啟者法使催討東方滙理銀行欠戶欠欵一事經本部於八月十五日及九月二十八日兩次咨行貴巡按使詳述此案原由請飭屬趕速追償在案查法使為此事迭次來照大致謂此項債欵必須地方官切寔催繳清結使有著落然後可以不向政府索賠蓋咸豐八年中法和約第三十七欵曾載明若有中國人負欠大法國人債項者大法國人應告知領事官照會地方官查辦出力責令照以賠償等語是地方官於華人欠外人欵項本有出力追償之責況現在國家財政異常困難其預備辛亥償欵項下所餘欵項必待

全案完結政府方可自由提用因此前項債務定關
係至鉅迥非尋常欠項糾葛之可比應再函請貴巡
按使查照注意仍希飭屬切實照辦勿令稍涉躭延
並盼見復

民國三年十月七日收法館照會稱為照會事本國滙理銀行追討欠欵一事於本月一日接准來照該悉貴揆長對於保護外人在中國利益之處指引天津條約第三十七欵所載華人負欠法人債項法人應先告知領事官照會地方官查辦盡力責令照例賠償諸語此乃以不完足條文反抵本公使前日所援之第三十五條也却以此項案件在中國有司應盡義務不過僅用行政手段干涉而已若只摘出某文之一句某條之一段不以上下文義連貫而言勢必不致換原義不止諒貴揆長自亦深明是理此次誤解定是由此而生查第三十七條原文僅載明將

来若有中国人负欠大法国人船主及商人债项者无论虧负誆騙等情大法国不得照旧例向保商追取下文又云但负欠之人或緝捕不獲或家產盡絕无力赔偿大法国商人不得問官取赔等语至該条所云領事与中国有司协助一语其宗旨揽以定行使拖欠债户清还欠歇也第三十五条所指係法人与华人遇有争讼时其訴讼應如何審理之若既已飭令欠户償还不得效果難於和平了結則了此纷争惟以會審為合宜也假如該二条非係如此解釋則第三十七条豈不將第三十五条效力統行銷减乎安能有是理即中国政府向来對於似此見地

亦無異意蓋從來彼此即有設立會審公堂之舉已成先例由是觀之本公使上次照會關於本國人與華人爭訟時應設何法以保其益所陳大綱其理由仍屬正當相應照復貴總長可也

民國三年十月八日收江蘇巡按使咨稱為咨陳事准貴部咨開案查駐京法使照請將華高因亂受損負欠東方滙理銀行京津滬漢各支行欠項按照清單分別轉行該管有司向各債戶要索本息一事經本部於八月十五日咨行查照飭屬照辦在案查前項負欠滙理銀行借欵雖係高人欠項輾轉當本部審查會討論辛亥年外人因革命損失各案時法館委員即將該行各項欠欵列入損失清單之內本部以係屬間接損失力予駁拒彼仍堅持再四磋商始稍鬆勁但要求由部分行地方官嚴為追討以符條約茲又准法使照催前来現在辛亥年外人損失賠

償一案不日料理清結所有滙理銀行各欠戶欠欵
數目自應由地方官將此案原由向商會剴切聲明
並勸令各債戶從速設法歸還或商定約期搭繳方
法剋日電復庶辛亥賠償問題可完全了結其預備
辛亥償欵項下所餘欵項政府可自由另商辦法此
事關係至鉅萬勿視為尋常債務斜葛相應咨行查
照轉飭所屬趕速辦理並見復等因准此除飭行滬
海道道尹薰特派交涉員楊晟轉飭上海商會遵照
並具報核復外合先咨請貴部查照為此咨陳

民國三年十月十一日收湖北巡按使咨稱為咨陳事項准大部三年商字第七零四號公函以法使催討東方滙理銀行欠戶欠欵一事請查照注意仍希飭屬切寔照辦勿令稍涉貽延並盼見復等因唯此查此案前准大部三年商字第二八九號咨開各節當於八月二十二日飭行丁兼特派員遵照辦理去後隨於九月十三日據該員詳稱本年八月二十五日奉鈞署飭准外交部咨開准法康使照會稱礙高初次革命損失賠償之時屢經中國政府聲明甚願東方滙理銀行自向華人索討欠欵政府自當誠心贊助等語是以本公使特將一千九百十二年革命

時負欠該銀行京津滬漢各支行之債戶分別開具
清單及所執借據送閱尚望費神轉飭該管有司向
債戶及中保要索本息設若無效則當接照條約所
載辦法由兩國官員會同追討並另具節畧聲明意見
等因到部查東方滙理銀行曾此以此事逕向本部
設立外人損失賠償審查會要求賠欠當以事關欠
項輾轇若一律允其賠償誠恐同類之要求將不勝
其煩是以認為間接損害只願該行自向債戶索欠
允由地方官代為催討係屬履行條約之事相應照
錄節畧並將原送滙理銀行漢口支行債欠清單一
分咨送貴巡按使查照飭屬遵照辦理隨時見復可

也等因准此合將節畧並將原送滙理銀行漢口支行債欠清單各一份飭發該兼特派員遵照辦理並將辦理情形具報以憑核轉等因遵將奉發債欠清單及法舘節畧抄發飭知夏口縣分別追辦一面函致法領事請其向東方滙理銀行查詢有無中証及其他抵押物品各在案旋於九月八日接准法領事照會擾東方滙理銀行稟稱中國政府否認本行借與漢口錢商欵項歸還無着要求賠償為直接損失應懇我領事重行提議擾理駁復因本行之借與漢口錢商而錢商將借本行之銀受押華商貨物此宗貨物統於光復時被兵災焚燬嗣後押貨商

人無力歸還錢商斯錢商因押歇無着亦即無銀清
償本行職是之故該貨物係因革命被燬本行受此
鉅累明係直接損失然民國政府始由前之武昌政
府而來前承武昌政府屢次聲明擔任賠償外國銀
行暨漢口商家所受損失現在均不按前約辦理
殊甚奇異然中國政府所允許贊助追索欠歇暨地
方官請飭詳細聲敘以憑核辦各節擾經理觀之
恐難有效豈將負債人收押追索即能發生金錢即
此種辦法似與推諉不辦無異等情擾此本領事披
閱該經理所稟尚洽情理即如王仙舟欠該銀行銀
一萬五千兩一案前已將其押契保人函請押追在

案至今分厘無着來函請飭該銀行將借用時中証保人及其他抵押物品詳細聲叙以憑核辦等因若照王仙舟案辦法恐將來全案結果如是也查該銀行存有錢商字據而錢商受押物品被焚未賠無力償還是該行之損失應照直接損失要求中政府賠償也既准前因並據禀情相應繕具法文譯請貴特派員查照辦理等因茲擬稿照復惟是否應如此解釋未敢決定理合詳請並將監督九月一日致法領函稿及現擬未發之照復稿抄費鈞鑒是否可行祗候鑒核批示遵行等情計抄附致法領函及照復稿各一件擾此即批示照辦復於九月三十日准大

部三年商字第三九二號咨開各節又經飭行該兼特派員立即遵照辦理各在案迄尚未據詳復茲准前因除再飭催該兼特派員切寔遵辦剋日具復一俟復到再行咨陳外相應將辦理此案情形咨陳大部鑒核為此咨陳

民國三年十月十二日收江蘇巡按使咨陳稱接准
大函內開法使催討東方滙理銀行欠戶欠款一事
經本部於八月十五日及九月二十八日兩次咨行
貴巡按使詳述此案原由請飭屬趕速追償在案查
法使為此事迭次來照大致謂此項債款必須地方
官切實催繳清結使有著落然後可以不向政府索
賠蓋咸豐八年中法和約第三十七欵曾載明若有
中國人負欠大法國人債項者大法國人應告知領
事官照會地方官查辦出力責令照例賠償等語是
地方官於華人欠外人欵項本有出力追償之責況
現在國家財政異常困難其預備辛亥債欵項下所

餘欠項必待全案完結政府方可自由提用因此前項債務實關係至鉅迴非尋常欠項糾葛之可比應再函請查照注意仍希飭屬切實照辦勿令稍涉躭延並盼見復等因准此查本案節經八月二十一日十月五日兩次飭行滬海道尹兼特派交涉員遵照辦理并咨復各在案准函前因除再嚴飭限日追繳外合先咨請貴部查照為此咨陳

民國三年十月十六日收直隸巡按使咨稱為咨陳
事據津海道尹詳稱奉飭開准外交部咨開案查駐
京法使照請將華商因亂受損負欠東方滙理銀行
京津滬漢各支行欠項按照清單分別轉行該管有
司向各債戶要索本息一事經本部於八月十五日
咨行查照飭屬照辦在案查前項負欠滙理銀行借
欠雖係商人欠項輾轉當本部審查會討論等亥年
外人因革命損失各案時法館委員即將該行各項
欠欵列入損失清單之內本部以係屬間接損失力
予駁拒彼仍堅持再四磋商始稍鬆勁但要求由部
分行地方官嚴為追討以符條約茲又准法使照催

前來現在辛亥年年外人損失賠償一案不日料理清結所有滙理銀行各欠戶欠欵數目應由地方官將此案原由向商會剴切聲明並勸令各債戶從速設法歸還或商定約期揩繳方法尅日電復庶辛亥賠償問題可完全了結其預備辛亥償欵項下所餘欵項政府可自由另商辦法此事關係至鉅萬勿視為尋常債務斜葛相應咨行查照轉飭所屬趕速辦理並見復可也等因准此查此案前後准來咨業經抄錄節畧並清單飭知津海道尸轉行商務摠會遵辦在案准咨前因除飭交涉員外合亟飭行該道尸遵照部咨所指各情轉令該商會妥速辦理具

復以憑核咨此飭等因奉此伏查此案前奉飭知當經轉行商務總會查照辦理尚未准具復來道茲奉飭前因除咨催商務總會妥速辦理剋日具復外理合詳請鑒核施行等情據此除批飭皆催商務總會趕速妥辦具復外相應先行咨明貴部查照為此咨陳

民國三年十月十八日收江蘇巡按使咨稱為咨陳
事本年十月一日准商字第三九二號大咨以駐京
法使照請將華商因亂受損負欠東方滙理銀行京
津滬漢各支行欵項按照清單分別轉行該管有司
向各債戶要索本息一事經本部於八月十五日咨
行查照飭屬照辦在案查前項負欠滙理銀行借欵
雖係商人欵項輾轉當本部審查會討論辛亥年外
人因革命損失各案時法館委員即將該行各項欠
欵列入損失清單之內本部以係屬間接損失力予
駁拒彼仍堅持再四磋商始稍鬆勁但要求由部分
行地方官嚴為追討以符條約茲又准法使照催前

来现在辛亥年外人损失赔偿一案不日料理清结所有滙理银行各欠户欠欺数目自应由地方官将此案原由向商会剀切声明并勒令各债户从速设法归还或商定约期措缴方法饬属照办等因准此当经转饬薰上海特派交涉员遵办去后兹扰该兼交涉员复称查此案前奉饬知并奉发清单当以清单内虽分别债户姓名欺项数目以及住址担保等项然既由地方官催讨目须按照欠户住址归该管有司分别核追来单未将各户住址详载无遗无凭核悉即将清单转送法捴领事请即转知上海滙理银行将各户欠数住址另行逐细开送以便核明饬

追函達在案兹奉前因除函催法領轉催滙理銀行查照前因函指點事理趕速開送遵飭辦理外相應查案陳復等情前来除辦有頭緒再行撥情咨請營照外合先咨復貴部查照為此咨陳

民國三年十月二十三日致法康使照會梅為照復事東方滙理銀行催索欠戶欠欵一事准本月五日來文當已閱悉查此案前經本部迭次咨行內外當事各機關轉飭催繳並屢經照復貴公使在案兹復准直隸江蘇湖北各巡按使先後來咨均稱業已飭行該管地方官遵照辦理並一再嚴飭限日追繳先行咨報等因前來相應照復貴公使查照可也

榷柒拾肆號

通商司廳 榷算科 門 類原 司股

共收文 件共發文 件附 件計錄 件

民國四年四月二十四日繕竣 送司廳

抄檔

民國三年十月二十四日收法康使照會稱本公使今日披閱英文京報忽觀關於自身者一則內載各節條分縷晰必由外交部洩露所致無疑蓋其所評論者係本公使前致貴總長之照會且能指明時日並將文內若干句均以括弧勒之查該主筆本照本評館照會所出謬論在本公使無勞與其爭辯而最可惜者係有人將本館致貴總長照會交與報章以作無謂之筆戰此等毫無理由之手段其咎應歸貴部承擔之情狀既已如此則本館與貴部所高滙理銀行之案似無須繼續磋議本公使只得作最終之詢問是否中國政府不肯將關於該銀行追討欠款事

件按照一千八百五十八年條約所載辦法施行此項辦法無他乃係在北京或天津設一會會審公堂耳如貴國政府不具復音或以否認答之本公使無法不得不將此公居然違背公理之處達知本國政府也須至照會者

Peking Gazette.

    Peking.

        30 October 1914.

The Honouarble

    Wellington Koo

        Wai Chiao Pu

      Dear Sir,

          We regret that the articles in our columns dealing with the Revolution Indenmities have led the Wai Chiao Pu to be charged as the source from which the facts revealed have been obtained. We wish to state categorically that no information on ~~that~~ the subject was supplied or communicated by your Ministry or by any person or persons connected therewith and if we are assured that reasons of state require it, we are prepared to disclose in confidence the name of the Gazette's informant.

                Yours faithfully,

                    The Peking Gazette.

民國三年十一月三十一日收湖北巡按使咨陳稱案查接管卷内承准大部咨准法使催索東方滙理銀行漢口各債戶債欠款一案業經前任呂巡按使將辦理情形咨陳鑒核一面飭催丁兼任特派員切實聲遵辦去後據該特派員詳稱此案前奉鈞飭並發下清單節署各一分當即抄發夏口縣知事飭即迅傳各債戶到案嚴追將遵辦情形隨時具報一面函致法領事請其轉飭該銀行將各戶借款時有無的實中証保人及其他抵押物品稟復函知以憑核辦施旋因法領照復據東方滙理銀行稟於此項辦法意有未洽未經曾開報隨經監督擬稿照復於詳奉

251

二

批飭後發行迄今未准法領事復到茲奉前因除飭催夏口縣速迅速分別追辦復候轉詳外合將辦理情形詳復並抄飭文函照各稿費鑒核咨復等情前來又經呂前巡按使以此項債務關係至鉅該特員派員來詳所稱法領既尚未照復夏口縣知事亦未將近辦情形具報是仍無切實辦法批令遵照先令飭批隨時督催務期得有切實辦法從速詳報核轉等因旋即交卻本巡按使到任接准咨交除再照案飭催趕速辦理具復外相應將此案現在辦理情形並照抄丁兼任特派員飭文函照各稿備文咨陳大部鑒核為此咨陳外交部計抄送飭文函照稿件

照抄八月二十九日飭夏口縣知事文

為飭知事本年八月二十六日奉湖北巡按使公署總字第三百二八號飭開案准外交部咨開云云至以憑核辦等因并發節署及原東方滙理銀行漢口支行清單二款份到署奉此當經本監督飭員將原送法文債款清單譯成華文合亟將節署及譯件各一份鈔發該知事仰即遵照迅傳各債戶到案嚴追並將遵辦情形隨時具報以憑核辦轉詳勿延切切此飭

計抄發節署及譯件各一份

抄九月一日致法領事函

逕啟者案奉湖北巡按使飭准外交部咨准法康
使照會稱云云至并另具節署聲明意見到部查
東滙理銀行曾以此事向本部設立外人損失賠
償審查會要求賠款當時認為間接損害只願該
行自向債戶追討索欠宂由地方官代為催討係
屬履行條約之事相應照錄節署並將原送滙理
銀行漢口支行債款清單一份咨送查照轉飭辦
理合將節署清單飭發查照辦理具報等因奉此
除飭夏口縣分別查催外本兼任查此案欠項有
一百九十餘萬兩之多兩各欠户當時向該銀行借
用時有無的實中證保人及其他抵押物品應請

貴領事轉飭該銀行詳細聲敘稟由貴領事函以知
憑核辦為荷順頌日公綏
為照復事昨准貴領事照會內開據東方滙理銀
行稟經理稟中國政府否認本行借與漢口錢商
款項歸還無着要求賠償為直接損失應懇我領
事重行提議據理駁復因本行之款原係借與漢
口錢商而銀錢商將借本行之銀受押華商貨物
此宗貨物統於光復時被兵災焚燬嗣後押貨商
人無力歸還錢商斯錢商因押款無着亦即無銀
清償本行職是之故該貨物係因革命被燬本行
受此虧累明係直接損失然今之民國政府始由
四

前之武昌政府而來前承武昌政府屢次聲明擔
任賠償外國銀行及漢口商家所受損失現在均
不按照前約辦理殊甚奇異然中國政府所允許
贊助追索欠款及地方官請飭詳細聲敘以憑核
辦各節據敝經理觀之恐難有效甚將負債人收
押追索即能發生金錢即此種辦法似與推護不
辦無異等情據此本領事經理所稟
尚洽情理即如王仙舟欠該銀行一萬五千兩一
案前已將其押契保人函請押追在案至今分厘
無著來函請飭該銀行將借用時中證保人及其
他抵押物品詳細聲敘以憑核辦等因若然王仙

舟案辦法將恐將來全案結果如是也查該銀行
存有錢商字據而該錢商受押物品被焚未賠無
力償還是該行之損失應照情接損失要求中政
府賠償也既准前因並據稟請相應繕具法文譯
請貴派特員請為查照辦理等因披閱之餘良所未
解竊維中華民國之成立以本兼任所知係基根
基於宣統三年十二月十五日之上諭有當時北
京政府通知駐京各公使公文可憑該銀行經理
所謂今之民國政府由前之武昌政府而來一語
似屬誤會所有各戶欠該銀行之款本兼任現在
所定辦法係查照外交部所抄附之貴國駐京公

五

使館節署之原意按節署首段以設法向債戶追索及定收抵押品為大綱蓋案關追欠問明有無中保及抵押物品定為此案之要最要問題所以本兼任欲滙理銀行詳細開具當時該銀行借與各錢莊欠項時有無的實中証保人及其他抵押物品蓋如此辨法可期此案之易有歸束至玉仙舟欠該銀行一案已拖欠延有四年之久現正嚴飭夏口縣知事嚴追似不能指謂將來無所結果也接准前因相應抄錄貴國公使駐京公使致外交部節署一併照復貴領事請煩查照並轉知滙理銀行從速將關於是案之中保及抵押

具清單以憑核飭辦理須至照會者
計抄節畧一紙
抄十月七日飭夏口縣知事文
為飭催事本年十月三日奉巡按使飭開案准外交部咨開案查駐京法使照請將華商因亂受損賠欠東方滙理銀行京滬漢各支行款項分別按照清單分別轉行該管有司向各債戶要索本息一事云云至轉飭所屬趕速辦理並見復可也等因准此查此案前據該兼特派員詳擬駁復法領辦法曾於九月十五日批示在案茲准前因合函飭仰該兼特派員立即遵照辦理具報等因奉此
六

查此案前奉巡按使三百二十八號飭即經抄發節畧清單飭該知事迅傳各債戶到案嚴追將辦理情形詳報迄今月餘未據復到寔屬延玩該知事須知追欠為條約上應盡之義何時已月餘竟毫無動靜現奉外交部行催巡按使轉飭且關係亥辛亥償款問題待以了結合行飭催仰該知事迅速遵照先今飭文查照單開各戶剋日傳提訊明限期設法歸款並先將辦理情形詳復以憑核轉勿再延緩致干未便此飭

民國三年十一月五日發法康使照會稱十月二十三日接准來照以英文京報登載貴公使因滙理銀行欠款各案照會中詞句遂疑係本部洩漏並謂該案無須繼續磋議等因本總長閱之餘不勝詫異當即函詰英文京報以此項新聞從何傳出據復稱此項新聞並非得諸貴部亦非由與此事有關係之人傳來本報可以決為聲明等語查報紙紀載大率得自傳聞每多誤會即如此次該報所載各節核其語意與事實亦不相符此種登載既毫無價值自可視為無重足輕除切囑該報此後勿再妄行登載外應請貴公使勿介意並希將商辦滙理銀行案

七

依然継續進行是為至盼須者照會者

民國三年十一月七日收江蘇巡按使咨陳稱據滬海道尹兼特派江蘇交涉員楊晟詳稱案奉公署飭開准外交部咨以法使來文將東方滙理銀行一千九百十二年革命時京津滬漢各支行被戶欠款開單要求追索當查事關款項輾轉認為接間接損害祇願該行自向索欠由地方官代為催討賬錄節畧並將原送滙理銀行上海支行欠款清單屬遵辦轉飭查核辦理等因奉此查發清單其債戶姓名款項數目以及住趾擔保等項雖經分別間有未甚明析之處當經函請法總領事轉知上海滙理銀行另行逐細開送未准復到嗣奉飭知轉准部咨八

以此案應由商會劉切聲明並勸令設法歸還飭即轉行上海商會照辦等因即經查案詳奉批示一面函轉法領轉催趕速開送在案茲據法領來函聲稱法商東方滙理銀行函稱前開因戰被債戶欠款清單內除沈明賢以下各戶業經駐京法公使與外交部議定辦法外惟葉氏所開升大等五莊共欠銀二十三萬一千二百兩應歸上海辦理請為核辦等情合將原將單一紙送請查照飭即代為追繳等情除將清單函送上海總商會傳知卅大等五戶由各該莊經理刻日到會集議應如何設法歸還迅即議定復到詳報外合將法領函復各節先行據情陳復

仰祈轉咨外交部鑒考等情據此相應咨請貴部查照為此咨陳外交部總長

民國三年十一月十日發漢口丁鹽督電稱已財政部稱劉人祥滙理款事已商有眉目可暫緩票傅提乞復霖十日

民國三年十一月十一日收漢口丁監督電稱外交部曹次長鈞鑒己十日電敬悉滙理案詳細情形已於九日上總長稟想本日可達此案源擬作為商欠商完國家祇負追負付之責任是否求訓示士源十一日

民國三年十一月十一日收法館照會稱英文京報節登本館所致外交部之照會一事本月五日接准覆稱據該報聲稱此項新聞並非得自外交部亦非傳此自與此案事有關係之人本報特確聲明等語本公使查該報如此答覆殊不足認為的當夫該報原將本公使致與貴部照會內關於現際互商事件數段列載並有該照時日其所載各節如是之確定係由外交部當守機密事務之職員洩漏於外而該報竟不認此節豈足以蔽洩漏此事官員之過是以報告貴揑長飭令嚴行調查懲以相當之過本公使要請貴揑長飭令嚴行調查懲以相當之過處分來照又云報紙記載大半得自傳聞然此次安可

十二

同日語耶然觀其所載並非得自傳聞寔係正式照會雖其語意與事寔不符然登出本館照會叚叚不遺確屬無說也來照既有本捻長業已切囑該報此後勿再妄行刊載之語而本公使檢閱本月五日之英文京報尚載侮辱法國論說想係該報對於貴國政府所囑者毫不介意爾似此侮衊如發見於言論自由之國本公使尚可視為不足輕重蓋此等妄言大抵出於小人之輩然貴國政府既於報紙設有嚴厲制度寔當擔任屬於裁判權下之報紙言論凡閱悉中國報律者盡能領會華報如此刊登全由中國政府允准政府既允准之則此次之侮辱其關係豈

不重大耶英文京報在北京並未享有何等治外法權該報本日刊明京報係屬完全華商陳某者主筆印刷亦係華人如是觀之該報不能麥引輿論自由之法律自當履行中國法條所以該報初五之報辱反法國其責任全歸中國政府也因此本公使非向主筆理論是對於中國政府理論而已諒貴國政府於該報損傷本國名譽之處自必施以相當對待也是為至幸須至照會者

民國三年十一月十二日秘書劉符誠赴法館晤法康使問答

康使問答

北京京報及法館退還照會事

秘書云昨晚見公使將本部照會退會因報紙之談論而生此交涉殊為可惜

康使答昨日見北京京報已將貴部致本公使之函完全詭出深為詭異故立即函達貴部聲明偽來函與報紙之論調無異只有退還而已及閱來文語意果與報紙所言相同故將公文退還若長此以往彼此來往公文無秘密之可守則諸事皆不能與貴部商辦矣貴國對於報紙有報律以取締之今

十四

北京北京報如此之攻擊本公使想貴部定當有法以取締之

秘書云本國報律原為取締報館而須行但對於京報之登載須先研究兩問題以定取締之法第一步即須證明京報為中國人之報紙第二須証明其所犯何項條文方可取締

法康使答此二問題皆易解決第一該報主任陳某曾在報上聲明自認為中國人之報紙是中國報律可以取締之也其二所犯報律何條甚易解決貴國報律嚴密當必能找出相當之條文（有害政府之「登載」以取締之亦無不可也此語乃

各國通用所之文字法國政府亦常用之自能通用適於中國也

秘書云北京京報如何取締法容容調查明白後再辦現先請貴公使將退還之文書收下因報紙登載而不收來文辦法未免太過

法康使答此項公文將來本公使必收下但須將先報館事辦清如其為華報則貴政府當治以相當之罪如非華報亦望將其國籍查明見告本公使侯接到貴部正式照會告知辦法後再收退還之文亦不為遲再者將來貴部答復對待報館辦法之正式公文本公使亦擬將其登報聲明本公使被攻擊之寃枉

附譯件

辛亥損失賠償譯十一月十日北京京報

現得可靠之消息云中國政府已於昨日備通牒致善後借款之有關係之各使館正式聲請一千九百十一年起義外人損失以籌備賠償款中所餘剩者撥付政府英金一百萬鎊據說該籌備款中尚有英金一百四十萬鎊未經動用存在五國銀行團中擬即以此所存之款提出一百萬鎊付交政府其所餘四十萬鎊仍放在銀行團內以備賠償所未結之案其未結之案寥寥無幾有丹館及此館之案未曾議結至與法館所未結者盡屬

間接損失若法館不願與他館一律辦理將間接取消損失取消將來或將該案件解交海牙會判決亦未可知

按法使因此段新聞已將關於此事之照會退還

民國三年十一月十三日兼湖北交涉員丁士源函稱東方滙理銀行控追漢口各銀錢莊欠款一案節經鈞部咨由呂前湖北巡按使飭發下署節經士源轉飭夏口縣按户傳訊追償並疊經飭行催切寔辦理籌擬措繳方法一面函致法領事請轉飭滙理銀行將各户借款有無的實中証保人及抵押物品稟復函知以憑核辦並於十月七日將大概情形詳由巡按使先行咨復鈞部各在案迄今時逾兩月僅據夏口縣詳復一次係為各欠户求寬既未陳明負欠之緣由亦不敘及歸償之辦法其法領事之復函則以滙理銀行於士源所詢各節意不謂然往復多時仍

未開報土源復經函致商務總會囑將各該莊當日借款的確時期及借用源委有無保證或抵押物品並現在真狀況若何查明見復以至今未曾復到竊以此案欠數過多關係至重必得將前後實在情形調查明白方能酌量籌擬乃三方參考竟無一應在高會不免瞻徇固可意揣知而夏口縣之不能寔辦寔復已不可解其滙理關於中保人及抵押物品之秘而不宣尤出情理之外土源詳加審核兼以咨詢題有疑義如所開阜通一戶欠款銀至五十餘萬兩之多此莊即係滙理買辦劉歆生祥御劉所開聞係宣統二年閒即已閉歇其不能於宣統三年借款

可知又阜祥一戶欠銀一萬兩間係宣統三年夏間
閉歇更可知不能於該年十月仍行挪移十月六日即宣統
以此二戶例之其他可知又士源詢據麥加利銀行
買辦唐朗山函復以起義之前各國銀行放出各錢
莊拆欠西商會當日已將數目抄送本鎮商務總
會存照現檢抄送覽閱其抄數東方銀行僅有三十
三萬五千兩與該行所報數目大相懸殊是影射依
託定居多數士源走詢西商總會及漢口商物務總
會均含糊答復不凢查察亟宜設法破其機關庶可
杜其要索但地方官及商會不能協同證明而一切
保證法銀行亦置之不答　士源側聞滙理銀買辦劉
　　　　　　　　　　　　　十八

敬生昨日赴京有所幹旋理合將士源探詢所及曁
辦理情形密以上聞應否知會財政部農商部接洽之
處出自鈞裁再此係士源二月來窮源竟委探詢而
得如蒙鈞座不宜係地源士源所報以免辦理他項
事件棘手无所至禱除密稟叚巡按使外專稟

民國三年十二月十二日收湖北特派員上次長函

稱本月十日奉電諭於劉歆生滙理款案轉述財政部意旨敬聆一一當於十一日電陳芻議上達鈞聰旬日以來未蒙訓示先是三日前曾上孫總長一詳稟諒當早達亦至今未得復諭良以為念查滙理所控欠項有一百九十餘萬之多而欠戶昔日有無保證及抵押物品及現在寔情若何節經分別查詢迄無一答欲為分疏理結寔無下手之方至所欠銀數劉歆生所開兩銀號計五十餘萬兩可為巨擘且有宣統二年間停貿之事寔伊若設法清理俾官廳稍輕負荷自亦不必迫以相繩惟本日先接法領事照

十九

會送來劉敬生送與立興洋行地產印契二紙立興轉售與滙理銀行法交新契一紙請為換契閱其法文清契中並無地價若干殊屬不解正擬發交夏口縣勘復詳辦適又奉財政部周總長電飭將劉敬生抵押滙理地皮即日過戶此電所指地皮不知是否即立典之產然前契之地劉既售於立典現復轉售則與劉無涉且法領照會亦無關作為銀號欠款擔保之意又不敢謂為一事究竟周總長意指若何尚望代詢見諭至換契向由夏口縣查勘辦理此次法領所送之契恐有糾葛則不得不飭令勘明再行換給因事關交涉稍不詳審恐不能無後虞耳一切

尚祈鑒核指示並代陳周總長為禱
計附鈔周總長原電法領照會件一件
照鈔法領事十一月二十一日照會
照送事茲據東方滙理銀行稟稱立興洋行將其
管業地皮九萬方售與本行立有洋文賣契巳呈
註冊茲將華文原契二張送懇移請中國地方官
合換新契一紙歸東方滙理銀行管業等情前來
據此相應將該行呈能到洋文賣契照抄一份並
華文原契二張備文照送貴特派員請煩查照並
希發交夏口夏縣將二契地合換東方滙理銀行
管業新契一紙交還管業為荷須至照送者

計附送法文照會一紙 照鈔立典法文賣契
一紙 立典地原印契二張
照抄北京財政部周總長本月二十一日來電
漢口關丁監督密劉歆生抵押滙地理地皮請即日遍
户自齊箇印
上按周總長電向來如於箇日發電則箇字下印字
上有一有字此電却無

民國三年十一月二十四日收江漢關監督電稱外交部財政部鈞鑒閱密濚電悉立興立契過滙理戶已遵發夏口縣辦理士源敬

民國三年十二月十二日收湖北特派員上次長函

籍漢口各銀號所欠東方滙理銀行款項一案節奉
鈞座暨敔鄦政部周總長電諭業經分別電陳稟復究
應如何辦理之處並乞代詢見諭所有法領事送到
之契亦經飭發夏口縣委為勘明先行詳復再行換
給在案昨請劉歆生來廛經土源詢以定在情形並
告以官廳深盼此案了結惟未過戶之前擬須滙理
有一信來庶過戶以後不致另生枝節為足下自己
計亦應有此一種手續否則萬一過戶以後仍須立
刻索欠豈不更為難事彼謂過戶以後滙理決不再
索欠且謂事在北京議定當無翻案等情土源查劉

歆生原賣與立興之契價僅有銀四千七百二十餘
兩現立興轉賣與克興之契價亦僅列銀四萬五千
兩此時若不有一種文書說明係抵當現欠各款若
干事後恐難免另起問題究竟北京如何議定謹再
將現辦情形上陳鈞座尚祈速詢周撼長並望剋日
指示一切為禱
  計鈔附劉歆生原賣契二紙又立興賣契法文一
  紙譯文一紙^{滙理}共四紙
  又附再禀一件
  抄劉歆生文契
立大賣麥地約人劉歆生今因營謀少湊情願將

自置麥地一大叚坐落唐家壪後土名三眼磜荒地草場批連五塊第一塊東至何姓為界西至大路為界南至何姓為界北至章姓及本己地為界計叁萬四千五百七十四方六尺第二塊東至何姓麥地為界西至本己地為界南至本己地為界北至本己地為界計壹萬零三百十六方八尺二寸第三塊東至本己地西至港邊為界南至章姓地為界北至梅姓及本己地為界計八千五百零八方一尺九寸第四塊東至本己地為界西至本己地為界南至本己地為界北至梅姓地為界計二千四百十七方四尺一寸第五塊東

二十三

至麥地為界西至本己地為界南至本己地為界
北至劉姓為界計三千九百二十一方共合方圓
五萬九千七百三十八方四尺二寸合畝九百玖
拾五畝六分四共合壹百六十五石九斗四卅
載錢糧正銀叁兩壹錢弍分正四界明白先儘親
族人等無人承買復請憑中人說合出大賣與
立典洋行名下為業當日三面言定時值價洋例
銀叁千叁百壹拾捌兩捌錢整比時同中親手收
訖自賣之後地聽買主耕種搰挖填土架造百為
無阻糧聽過戶完納此係己賣己業並無謀買勒
賣典押重複等情倘有生端異說均歸賣主一身

承貼恐口無憑特立大賣字一紙付與買主永遠為據十

三淪所錢糧壹分柒釐正在張大年

中屯錢糧伍分錢貳分捌釐正在張德熏　後屯錢糧五分正在何義茂

又又陸錢　正在宋啟順　又又壹錢正在石金點

又又壹錢五分正在楊復春

計批後屯錢糧貳錢　正在羅正興　一戶內完納又又柒分正在張祖友 戶內完納

又又肆錢壹分柒釐正在黃立位　下屯錢糧伍錢正在張廷魁

又又捌分正在唐順興　前屯錢糧貳錢正在張應先

又又貳錢零捌釐正在王光倫

契明

梅松亭十　楊蔭丞十

何昌菊十　馬人增十

二十四

價足 憑中人何昌義十 馮寶田十

　　　梅春臣十 何昌成十

　　　楊耀堂十

　　　　　依口代筆馮寶田十

光緒二十年正月二十日劉歆生十親立

契

湖廣湖北武昌等處承宣布政使司為遵

旨議奏事奉

督撫部院抄案乾隆拾伍年正月初五日准

戶部咨嗣後布政司頒發給民契尾格式編列號數前半幅與尋常經書業

戶姓名買賣田房數目價稅後半幅於空白處預鈐司印俟投稅時將

契價稅銀數目大字填鈐印之處令業戶看明當面騎字截開前幅給

業戶收據執後幅同季冊彙送布政司查核此係一行筆跡平分為二大小

數目委難改換等因奉

旨依議欽此到 院行司奉此相應照式刊刷契尾分發各屬一體遵照辦理

毋違

漢陽府 業戶立興價買劉歡生價叁千叁百拾捌兩捌錢

一布字甲叁百玖拾捌號 右給漢陽府業戶 准此

光緒　年　月　日

立大賣麥地約人劉歆生今將本行置買荒地草場三大段坐落十八壋土名大地東至麥地暫埂為界計長一百九十丈零五尺西至港邊為界計長一百四十一丈南至梅姓及本己地為界計長一百六十六丈北至本己余山為界計寬一百九十七丈共折方圓二萬四千一百零八方合畝四百零一畝八分合石六十六石九斗六升六合又一段土名条山東至趙姓地邊為界計長一百七十三丈八尺二丈西至張姓地為界計長一百六十一丈北至楊姓地為南至本己地為界計寬二十一丈

界計寬十七丈五丈尺共折方圓三百千二百三十二方零七寸合畝五十三畝八分七厘合石八石九斗七升八合又一段土名条山東至張姓為界計長一百八十丈西至李姓地為界計長一百八十丈南至本己地為界計寬三十一丈共折方圓六千四百五十七方五尺合畝一百零七畝六分二厘五毫合石十七石九斗三升七合五勺總共九十三石八斗八升一合五勺冊載錢糧二兩零七分五厘先儘親族人等俱不承買復請中人說合出賣與立興名下為業當日三面言明定時值估價每石

二十六

洋例紋十五兩共扣洋例紋一千四百零八兩二
錢二分二厘五毫比時中同中如數收訖自賣之
後地聽買主耕種掘挖取土架造百為無阻粮聽
過户完納一杜一絶永無異言恐口無憑特立大
賣約一紙付與買主永遠為據〔十
縣鈔後上屯錢粮四錢二分八厘在張同興
計批又 又三錢三分五厘在聚德堂 户内完納
　　　　　　　　　　張芝華
又又 又二錢六分四厘在聚德堂
又又 又一兩在羅正興
　　　　　　　　　　正
契明 鷲公口錢粮五分正在楊禮春 户内完納
　　梅
楊永泰十　楊禮春　楊蔭丞十

價足 憑中人 查義興十
　　　　　馬人增十　　徐宗保十
　　　　　葉新茹十　　王義興十
　　　　　　　　　　　馬人寬十
　　　　　依口代筆馮寶田十

光緒二十年三月十二日劉歡生十立

契

湖廣湖北武昌等處承宣布政司為遵
旨議奏事奉
　督部院抄案乾隆十五年正月初五日准
戶部咨嗣後布政司頒發給民契尾格式編列號數前半幅照常細書產戶姓名買賣田
房數目價稅後半幅於空白處預鈐司印以備投稅時將契價稅銀數目大字填寫鈐印之
處令業戶看明騎字截開前幅給業戶收執後幅及季冊彙送布政司查
核此係一行筆跡平分為二大小數目委難改換等因奉
　旨依議欽此到　院行司奉此相應照式刊刷尾契分發各屬一體遵照辦理毋違

二十七

漢陽府業戶立興買劉歆生價壹千肆百零捌兩弐錢弐分弐厘伍毫

布字甲肆百號

右給漢陽府業戶 准此

光緒 年 月 日

照抄立興洋行法文賣契譯文

立合同字人立興洋行（係集股公司總行開在上海）東方滙理銀行（總行開在巴黎納福街十五號）經雙方議定如後 總理涂維爾賬房挹爾裴

立興洋行願將坐落中國境界地皮計契約二紙賣與東方滙理銀行呈經駐漢法領事署註冊其

一駐明第二十八號其二駐明第二十九號此項地契時值價銀四萬五千兩此時價銀交楚由立興洋行將該二契交與東方滙理銀行管業所有該

二地契內面積總總數其一載明九萬三千五百
八十五方其二載明九千九百方業經立興洋行
丈量繪圖該地皮面積僅九萬方之譜而立興洋
行祇以九萬方出賣自賣之後該地皮方數或多
或少利賴損失皆歸買主享受不與賣主相涉
恐口無憑特立此字為據

　　　　　　　　立 興 洋 行
　　　　　　　　總理 涂維爾
一千九百十四年十一月二十日 東方滙理銀行
　　　　　　　　賬房 赫爾裴 簽名

民國三年十二月十日收江漢關丁監督電稱外交部十號本晚七鐘奉外財兩部五鐘四十分所發兩電敬悉劉契遵二十三日電即發縣遇戶已經陳明二十四日電復恐縣辦稽延又於二十八日特索劉圖飭發速辦本月二日又催迄未辦復頃已遵嚴催如限辦竣得復再稟乞轉財政部土源叩九日

二十九

民國三年十二月十三日收漢口特派員電稱外交部十碼劉歆生地以立興名義過戶滙理一案已據夏口詳送新契明日照送法領事祈轉財政部英德裝貨事今晚詳(另寄)報告士源十二日

民國三年十二月十八日收江漢關監督巫稱劉歆生地產以立興名義售與東方滙理銀行換契過产一案節奉鈞部暨財政部巫電遵即飭夏口縣辦理並迭經行催去後九日復奉鈞電遵又嚴催務於三日內辦竣在案具後在案十一日具報丈量完竣十二晚據將新契送到當已分別電禀本日業將各送到各契件一併照送法領事轉發完案所有劉歆生地產過户一事業已辦竣情形理合將照送法領事稿抄附藉備鈞核除禀財政政部外祇叩崇安

計鈔送照復法領稿

照抄致法領事照會稿

為照送事本年十一月二十一日准貴領事照開
據東方滙理銀行稟稱立典洋行將其管業地皮
九萬方售與本行立有洋文賣契已呈註冊茲將
華文原契二張送懇移請中國地方官合換新契
一紙歸東方滙理銀行管業等情前來據此相應
將該行送到洋文賣契照抄一分並華文原契二
張備文照送貴特派員查照並希發交夏口縣將
二契地合換東方滙理銀行管業新契一紙交還
管業為荷並送照抄立典法文賣契一紙劉歇生原印
契二紙等因准此當將新舊各契並劉歇生交來
地圖先後飭發夏口縣查勘辦理去後茲據詳稱

奉發契圖各件當經先後轉送清理處派員勘丈
據覆丈得該地畝面積所列九萬方尚屬相符理
合遵飭過戶換給東方滙理銀行管業新契一紙
檢同原發各契詳賫轉送等情相應將賫到新契
發東方滙理銀行管業並見復為荷須至照會者
一紙推收單一併照送賫領事即希查照轉
一紙粘連舊印給契二紙立典賣契洋文譯文各
　計送東方滙理銀行戶名新契一紙粘連劉敬
　生原印契二紙立典賣契洋文譯文各一紙推
　收單一紙

民國三年十二月十八日收京師警察廳咨陳稱本年九月十一日接准大部函開准法康使照會稱礄商初次革命賠償損失賠償之時屢經中國政府聲明東方滙理銀行自向華人索討欠款政府自當誠心贊助等語是此本公使特將一千九百十一二年革命時負欠該行津京津滬漢各支行之債戶分別開具清單及所執借據送閱尚望費神轉飭該管有司向債戶及中保要索本息設若無效則當按照條約所載辦法由兩國官員會同追討並另具節畧聲明意見等因到部查東方滙理銀行曾以此事迳向本部設立外人損失賠償審查會要求賠償當以事

關款項轇轕若一律兌其辦理誠恐同類之要求悉由政府擔其責任實有不便是以認為間接損害只願該行自向債戶索欠欠由地方官勸諭各債戶速自籌償以為轉圜之計相應將原滙送滙理銀行原北京支行清單一份及借據七份函送查照希商令京師商會傳知各該債戶自行從速籌備償免滋交涉等因來廳正分別飭催清理間十月一日復准函開案查駐京法使照請將華商因亂受損欠東方滙理銀行各處支行款項清單轉行該管有司向各債戶要索本息一事經本部將原送關於該京行欠戶債款清單及借據等件函送查照請商令商會傳

知各該債產從速籌償在案查前項負欠滙理銀行借款雖係商人款項輒當本部審查討論荅亥年外人因革命損失各案時法館委員即將該行各項欠款列入損失清單之内本部以係間接損失力予駁拒彼仍堅持再四磋商如稍鬆勁但求由部分行地方官嚴為追討以符條約茲又准法使照催來大致謂此項債款必須地方官切實催繳清結使有着落然後可以不向政府索賠查咸豐八年中法和約第三十七款大致謂將來如有中國人負欠大法國人債項者大法國人應告知領事官照會地方官查辦出力責令照例賠償等語是地方官查辦出力責令照例賠償

三十四

人欠外人款項本有出力追償之責現在辛亥年外人欠外人款項本有出力追償之責現在辛亥年外人損賠償一案不日料理清結所有滙理銀行各欠戶欠款數目踫應函請貴廳將此案緣由向商會副切聲明並勸令各債戶從速設法歸還或商定約期措繳切定辦法剋日見復庶辛亥賠償問題可完全了結現在國家財政異常困難其預備辛亥償款項下所餘款項必待全案完結政府方可自由提用此事關係甚鉅萬勿視為尋常債務輾轉稍涉躭延是為至盼等因准此當查先後送到清單各債戶商鋪住戶名義不一經特派科長劉長禮專辦此事欠戶為住戶名義則由廳分為商鋪則與商會接洽辦理欠戶為住戶則由廳分

別查傳其中情形揉雜頭緒紛紜有商舖現已歇業
虧累不堪者有住戶現已出京無從接洽者有稟詞
狡獪滑藉口變亂者有押品昂貴借為搪塞者經科
長展轉傳案反覆譬喻曉以此次滙理債欠關繫甚
大既係由法公使照會外交部轉催清償已成交涉
戶各戶困難情狀官廳豈不深知惟無償還辦法勢
將以私人債務牽累公家各戶均上流人物固不能
以私害公(諒)亦不能自失信用致生交涉一再勸導始
克漸就範圍茲據稟稱肅親王等七戶或換約付息
轉期清償或拔本停利憑保歸款汪筱舫等十一戶
或將抵品或以己產從速變價約期償還瑞增當(等)十

四戶雖確被災亦各妥籌清償辦法限期歸結少祇
數月多或一年均各出具切結按期清理當不致悞
並經各債戶自向銀行磋議商妥洽惟德受之一戶
則於辛亥年在陝西知府任內父子被難孀妻現居
母家手工過活保人李子良查傳無著尚無辦法其
餘楊華亭等八戶或堨係出京或確因患病未能到
案亦正傳訊保人催令趕速清理等語稟覆前來本
廳查覆查無異除飭區催令已經妥辦法各戶按期
自向銀行清付並注意鋪保各戶有無變動隨時具
報外所有催令滙理銀行各債戶籌償辦法情形相
應開具節畧摺一扣咨請查照核辦為此咨陳附節畧

摺一扣

茲將滙理銀行各欠戶辦法節畧開列於後
計開
肅親王欠兩款共銀二萬四千七百兩保人鳳林
　質件利和公司股票息摺各十份此件巳經該
　府護衛鳳林恩山等函稱自向該行換約付息
　當經詢問該行據稱屬定
陳錫五欠銀二千兩傳廳具稟請限六箇月清還
　取有廣樂園水印保結爲據
裕興爐房欠銀三千八百六十四兩一錢擬將西
河沿中西旅館欠款卄七千元每月憑摺取洋

三十六

十五元摺據文給滙理銀行由該行自行按月取現等語此件查該號所稱均屬寔情所欠之款並無利息本廳只能勸至於此已向該行說知並取有該號水印切結請限六箇月變產清還

嵩佑亭欠款銀二千兩保人興隆長油酒店具稟請限六箇月清還取有大興隆煤棧水印保結為據

周采丞欠銀八千兩保人劉蔭之鋪保裕源銀號曾經兩次電知上海道尹據覆可由劉蔭之清理遂將劉蔭之傳廳結稱以六箇月清償取有裕源銀號水印保結為據

裕豐爐房欠銀一萬三千一百八十四兩九錢四分賀品房契一張股票五張具禀請限於民國四年六月以前清還取有該號水印禀結為據

陸天池欠銀六千兩禀請於本月底還本三千兩下餘之款以明年六月為期代禀人張公蓋並有陸鍾岱蓋戳為據

汪筱航欠銀一萬五千兩保人忠興質件交通銀行股票三十七紙該商請求給限三箇月清還有禀為據

寶通當欠銀二千兩保人于繼亭蕭潤川此件該行已歸還本銀四百兩其餘本銀現至甲寅年

三十七

底陸續歸清取有該號水印稟帖為據

源聚當欠銀式千五百兩具稟請限以一年內歸還

取有恆順號水印保結為據

鍾志謹欠銀三萬兩保人義聚永吉珍齋義興木

廠益珍齋質件房契一紙續押將契字一紙具

稟每月由義聚永糧店付息並設法變產還本

取有義聚永水印保結為據

玉嵐甫欠銀二千兩保人榮卅窰具稟請限八箇

月變產清還取有日卅槓房水印保結為據

玉興當欠銀五千兩保人趙仙甫鋪東王可齋據

稟請限一年變產清還

增壽堂欠銀叁千兩保人金佩如稟結以六箇月
設法清償取有該號水印保結為據

萬昌棧欠銀二千元合銀一千四百兩保人同豐
棧

義興花店欠銀二千一百兩保人同興隆
以上兩家經由本廳現正嚴追設法辦理

同豐棧房欠銀一千四百兩
以上三家均係簿興齋經理現取有鋪保四家
水印保結以四箇月清還

耆李和欠銀六千兩據稟請限六箇月償還取有
三順齋水印保結為據

瑞增
瑞增欠銀四千兩該號因壬子燒搶一空現招新股復業經本廳調查屬寔並未更換字號據該號商人郎潤田稟稱先行付本若干諸限一年商諸股東清還

萬
萬源恆欠銀一萬兩保人魏星辰德順杨廠稟請給限六箇月償還取有該號水印稟結為據

萬增
萬壽當共欠銀一萬八千兩保人王朝輔利豐號成當共欠銀一萬八千兩保人王朝輔利豐號德卅木廠鋪東李萬藻稟請給限一年變產清還取有萬林木廠水印保結為據但該號結稱只對於李萬藻欠滙理銀行款事每傳必到

天瑞
泉當共欠銀二萬兩保人楊潤齋

廣興泉銀號欠銀七萬二千兩保人楊潤齋
以上三家稟請給限一年設法變產歸還取有
公濟糧棧水印保結只保該三號執事人於滙
理銀行欠款事隨傳隨到

德昌信欠銀三千兩保人吳俊卿金佩如舖保恆
昌泰據稟請限一年歸還取有恆昌理瑞水印
保結為據

和順當欠銀三千兩保人金佩如據保人稟請限
六箇月歸還查金佩如已取有保結每傳必到
金佩如欠銀三千兩請限六箇月變產清還取有
天益堂葯舖水印保結保金佩如隨傳必到

寶善當欠銀四千兩請限六箇月舖東于濟亭舖掌蕭潤川稟稱該當壬子焚搶一空請限一年以內設法清還取有聚泰昌洋廣雜貨店水印保結保于濟亭隨傳隨到

叢兆丹欠銀二萬兩舖保琦寶齋質品紅白房契二十四張稟請六箇月變產清還因無舖保可取飭令覓人保伊隨傳隨到取有邵文貴人保結紙為據

董鑑泉欠銀一萬兩舖保金天興金店質品房契數紙計房九十一間稟請限八箇月清還取有給天興金店水印保結保得董鑑泉為滙理銀行

欠款事隨傳隨到

三和公欠銀四千兩據稟請限八箇月變產清還歸
取有謙順公鞍鞴鋪保結共保張省三隨傳隨
到

陳翰波 現傳保人

德受之

永昌大 現在傳保

袁志呂 現傳保人

德善 現傳保人

溥後齋 現傳無著

萬和泉 現保人討限

楊華亭 現傳保人

民國三年十二月十八日總長會晤法康法柏繙譯

問答

滙理銀行賬目事

總長云滙理銀行賬目事聞清理已有頭緒此足見財政部對於貴國之盡力

康使云誠然聞數日內已可清楚此賬目清楚後貴國可將賠償損失之餘款提回還債未嘗不無小補也

民國三年十一月三十一日收直隸巡按使咨陳稱據津海道尹詳稱案查送奉飭知以准外交部咨開法使催討東方匯理銀行華商欠戶欠款一案飭即轉行商務總會遵照核辦仍將辦理情形隨時具復等因奉此當經送次咨行商務總會遵照核辦迅速具復以憑轉詳並將辦理情形先後具報各在案茲據商務總會函稱案查天津各債戶欠東方銀滙理銀行款項一案屢准貴公署函送債務人姓名欠數囑託議各等因當經徹會遵囑一再審議各債務人來會綜合眾議要皆原於壬子兵燹損失甚鉅開市張繼理生業者元氣未復因兵燹而無力開市者自

係被災較重然敝會既蒙囑記復負權責自應審慎
追議以期清了惟本案頗為複雜被災輕重不同畫
一定論當各抒意見妥為聲敘以保債權而便清
了茲將各債戶對於償還方法及已償清並無力
償還與原欠單欠額不符之各情形分別另單呈送
查照轉復等情據此本道尹查核該商會所稱尚屬
寔在情形理合詳請鑒核計單一件等情據此相應
咨請貴部查照核辦施行為此咨陳
　計抄清單一件
　　天津東方滙理銀行債戶欠數償還方法清單
　計開

一敦慶長欠五千元
一德瑞銀號欠五千元
以上二户計敦慶長於壬子年舊曆四月本利清還撤回券據計德瑞銀號於癸丑年二月本利清還存據撤消
一德慶成恆錢鋪欠四千元
一協和瑞和洋布鋪欠五千元
一裕豐銀號欠二萬元
一寔心堂欠九千元
一福和真欠八千元
一中裕厚欠一萬八千元

以上六戶據該商等聲迴與該行自行清理

一 益興恆油酒店欠一萬元

一 裕豐泰綢緞莊欠四千五百元

以上二戶壬子遭兵燹之災焚搶殆盡無力復業雖益新恆被焚後勉力支持損失太鉅開張未久亦即歇業欠外各款無有如數清償祇有下存貨物僅敷四扣各債戶憫其困若險遭焚掠均已領貨完結滙理銀行亦債權分子自應平霑利益應分抵貨已另存備抵裕豐泰綢緞莊既無力復業同時遭焚掠之災所欠外債以在日界桐茂昌保險棧房所存之綢緞洋貨兩

項未被焚掠呈經敝會評議按物分配以抵各債計滙理銀行應分綢洋兩貨計銀三千百八百四十三兩又應配欠內劃撥銀四百五十四兩四錢一分又應撥配現銀一兩八錢二分

一春華泰洋布鋪欠二萬八千元
據聲稱定欠二千八百元兩
一春華泰洋布鋪欠五千元
一原記洋布鋪欠四千五百元
一李定甫欠一千七百元
以上四戶該高聲等稱與原賬欠數兩相核對不符辦法無憑議定

一 同益興綢緞莊欠五千元
調查該商號欠銀三千五百兩按年付息現因
市面淤塞籌還現款匪易週轉擬請仍按年接
續付息俟市面稍能活動另議歸還方法
一 瑞慶炭號欠五千元
一 滙康元銀號欠二千元
一 文盛估衣鋪欠六千元
一 文盛估衣鋪欠一千四百元
一 義成估衣鋪欠二千八百元
一 義德成估衣鋪欠九千元
一 義興泰估衣鋪欠一千八百元

一瑞林祥銀號欠一萬元
以上八戶遭壬子焚搶之災損失甚鉅繼理生
業者自係生活關係勉為支持歇業不復者更無
論矣惟事關債欠負有償還義務當以職權一
再許議各該商被災既有輕重償還方法亦自
各異迺就其能力分年償還俾清債款以恤
高巖計瑞慶炭號滙元銀號兩戶止利歸本分
年八年償清計文盛估衣鋪兩戶
止利歸本分十二年償清計義成泰估衣鋪義
德成估衣鋪義興泰估衣鋪三戶止利歸本分
十五年清償計瑞林祥銀號一戶止利歸本

二十年償清
一同合德綢緞莊欠一萬六千元
一源記綢緞莊欠一萬元
一大吉昌欠三千元
一源發恆綢緞莊欠五千元
一中興順洋布鋪欠五千元
一義盛順興順洋布鋪欠五千元
一大吉祥欠四千五百元
一協瑞成洋布鋪欠六千元
一福聚昌油酒鋪欠五千元
以上九戶遭壬子役兵匪焚搶一空無力復業

災情遭遇困苦萬分家產既已蕩盡生計自係無著雖經一再議追寔屬無力償還所有欠滙理銀行之債擬請俟政府頒發恤款即行照數彌補此種請求固政府對於該商財產負保證之負責要皆出於無力寔係不得已之請求敝會日觀情狀良深矜憫是以寬放以恤災商敝會與有興感焉

民國四年一月十七日收警察廳咨稱前准貴部函催東方滙理銀行歿債戶從速籌償業將辦理情形咨陳在案所餘楊華亭等八戶彼時尚無辦法現經本廳極力督催楊華亭現經由地安門外鼓數大街天增木廠作保請限半年清還取有水印保結為據永大永昌二號取有永祥茶店水印保結為據一年變產清還德昌信一戶係天在天津舖掌陸漁舫欠洋五千元銀二千兩已由陸漁舫付息換約外一年還取有春源祥記銀樓舖保水印為據請限一年歸並取有還清德善舖長王善甫欠洋三千元取有東昇茶店舖保諸限四个月如至期不歸由該號承還其陳翰

波一户前經本廳兩次函詢稅務處現據稅務司函
復陳翰波請求遣代表來廳以便清理云云當由本
廳函達答准其遣代表到廳商定辦法其表志吕溥
後齋均稱日內來廳妥議辦法除飭各該户債户遵
照外相應將辦理情形咨陳大部查照備案為此咨
陳

清理使館界内德華銀行交涉案

國民政府接收前政部外交部卷案

商三 第五六四 號

清理使館界內歷年銀幣交涉案

中華民國六年八月起
八年十二月止

計抄撮一冊

字號

清理使館界內德華銀行交涉案抄檔

通商司 榷算科 門 類原司版司

共收文三十八件 共發文十七件 附件計錄

繕竣 送司廳

總目錄

清理使館界內德華銀行交涉案

(一) 押收德華京行
(二) 派丁家立保管德華銀行房屋
(三) 華人索欠案
(四) 津浦川粵漢關係德華存欸
(五) 德俘德商存欸
(六) 和公使抗議

(一)押收德華京行

發駐京法使函	中政府派員接收德華銀行已由該員請商請駐京公使協助	六八七四九 一二七七
發領銜和貝使函	派員接收德華銀行事希轉知各使	六八七四九 一三八〇
收中國銀行函	德華銀行事擬請電致地方官准令魯士來京辦理	六八七五月 一〇八七
發直隸督軍電	特准德華總經理來京速轉飭給予護照	六八六九 一三二一
收直隸督軍電	送給德華經理護照已轉飭辦理	六八七三
收章祖申陳	陳報辦理接收德華銀行情形請向荷使交涉	六八七五月 一四七〇
收王克敏陳	據王克敏等陳報接收德華銀行情形請向荷使嚴重交涉	六八七五月 一五〇三
收財政部咨	收管使館界內德華銀行請會商各使協助	六八七九 一四〇四
發領銜和貝使照會	請會商各使協助	六八七九
發財政部咨	接收德華銀行各情已照會領銜和使請其協助	六八七九 一四三一
收和館問答	請保護德僑私產	六九九

附件

351

發駐京法使函 民國六年八月十四日 力字第一二七七號

逕啟者頃據財政部函稱我國業已與德奧二國入
於戰事狀態所有德華銀行應即停止其營業由中
政府派員接收現本部派中國銀行總裁王克敏辦
理接管該行事宜因該行設在使館界內已由該員
轉向法國駐京公使商請協助等語相應函達貴公
使查照

發領銜和貝使函 民國六年八月十四日 力字第一三八零號

逕啟者頃據財政部函稱我國業已與德奧二國入
於戰爭狀態所有德華銀行應由中政府派員接管
現本部派中國銀行總裁王克敏辦理接管該行事
宜即於本日前往該行接管應請貴部派員會同前
往等語茲由本部派參事章祖申會同財政部派員
屆時前往該行接洽辦理相應函達貴領銜公使查
照亟請轉知駐京各國公使為荷

收中國銀行函 民國六年八月十八日 月字第一千八十七號

總長鈞鑒德華京行經理愛格倫強橫無理迭前早
總擬致其總行經理曾
所辦定之辦法亦不承認現擬電致其總行經理曾
士令其來京協商辦理此人現在北戴河擬請鈞部
致電地方官准其來京並將敕行去電代發如仍無
辦法只得請由哥與荷使交涉如再無法惟有用強
制執行一法餘與章參事面談囑其轉陳敬請
台安

王克敏謹啟 十八日

電稿送上

發直隸督軍電 民國六年八月十八日 力字第一三二一號

德華滬行總經理魯士 Ruat 現在北戴河 Villa Pope Weiland 茲由中行王總裁電邀來京協商德華京行事希迅飭交涉員專差送給護照特眠准日眠來京並盼速復外交部

收直隸督軍電 民國六年八月二十一日

巧電祇悉送給德華滙行總經理護照已轉飭黃交涉員迅速辦理特此電覆曹錕簡

收章 王克敏 陳 民國六年八月二十七日 月字第一千四百七十號

謹陳者竊克敏等前奉派接收德華銀行事宜邊於
本月十四日會同前赴該行其時行中無人祇將庫
櫃全行封誌荷使館及法使館亦均有漆封十五日
下午往商荷使約定於十六日點收該行帳據及一
切物件當經荷使應允照辦十六日約同荷法使館
人員前往該行督同該大班愛格連將庫櫃封條揭
去內中空無所有據該大班述稱所有該行完全財
屋清單並帳簿等項除抄錄一份寄將德京總行外
悉已焚燬行中帳目已清惟尚有市面流通少數之
鈔票可擔任照付等語克敏等當告以行中現有物

件趕速編就目錄俾點收後彼此各執一份為憑至
請單帳簿等焚燬情形須由貴大班詳函聲敘以便
據情請示政府再定辦法該大班亦允照辦當時亞
有荷兵數名看守該行即商請荷使撤退交由我行
接管荷使亦允隨時可撤十七日上午荷使頓翻前
議該大班亦拒絕不交異常強硬茲前昨兩日面與
接洽各情均不承認此十四日至十七日辦理接收
之經過情形也嗣後迭次磋商并由各方面設法均
歸無效而該行所在地點又為我法權所不及未便
強制執行除將該大班十七日來函譯呈察閱外應
請大部向荷使交涉務令該行將現有不動產及行

內所有各物弁一切帳據財產清單交出接管以期早日解決實為公便

中國銀行王總裁暨中國銀行京行伍經理（聞係由政府委派監察北京德華銀行者）台鑒啟者前於八月十六日早十鐘彼此曾在東交民巷從前德華銀行營業之房舍內會晤當時面同荷蘭使館亞荷蘭公使繕譯閣下察看一切當時該行已竟不作營業之事閣下亦深知之自後閣下欲鄙人將該行所有帳簿財產擔負清單亞保存各項交出當時鄙人面同閣下亞荷蘭使館衛隊長將該行一切庫櫃開驗內中均無所有當時鄙八曾對閣下說明所有該行完全財產擔負清單亞帳簿等項已存於柏林德華銀行而北京該行在華亞無久外款項惟有

極少數之鈔票流通遇來兌時鄙人擔任照付再者關於地方官接管房舍一層鄙人前與伍君步垣面談數次因按照一千九百零一年之條約並該房舍係建造在德使館地址之上以此未能決定但事實上該行在對德宣戰之前早已付止營業該房舍已作為鄙人居任之所故鄙人謹擬遇中國政府必須管理時可與荷蘭公使議定即由該公使暫時管理該房可也再者鄙人有欲陳者本月十五日在鄙人外出之時並未經鄙人允許有人（關係法國人）直至該房即從前德華銀行營業之處並為鄙人居住之所在各處門窗等處貼有法使館之封條嗣經鄙人

查悉此等行為並未經中國政府之許可現經荷使館衛隊長報知當時此項封條係當伊之面封貼並無別樣為難之事故鄙人准法使代表於八月十六日當閣下之面將此項封條揭去

愛格連

一千九百十七年八月十七日

收財政部咨 民國六年八月二十八日 月字第一千五百三號

財政部為密咨事據王克敏等陳稱前奉派接收德華銀行事宜遵於本月十四日會同前赴該行其時行中無人祇將庫櫃全行封誌荷使館及法使館亦均有漆封十五日下午往商荷使約定於十六日點收該行帳據及一切物件當經荷使應允照辦十六日約同荷使館人員前往該行聲同該大班愛連格將庫櫃封條揭去內中空無所有據該大班述稱所有該行完全財產清單並帳簿等項除抄錄一分寄存德京總行外悉已焚燬行中帳目已清惟有市面流通少數之鈔票可擔任照付等語克敏等當告以

行中現有物件趕速編就目錄俾點收後彼此各執
一分為憑至清單帳簿等焚燬情形須由貴大班詳
函聲敘以便據情請示政府再定辦法該大班亦允
照辦當時並有荷兵數名看守該行即商請荷使撤
退交由我行接管荷使亦允隨時可撤十七日上午
荷使頻翻前議該大班亦拒絕不交異常強硬并前
昨兩日面與接洽各情均不承認此十四日至十七
日辦理接收之經過情形也嗣後送次磋商并由各
方面設法均歸無效而該行所在地點又為我法權
所不及未便強制執行除將該大班十七日來函譯
呈察閱外應請大部轉咨外交部向荷使交涉務令

該行將現有不動產及行內所有各物并一切帳簿財產清單交出接管以期早日解決等情到部相應據情轉達並將該大班原函照錄一分咨請貴部查照上開各項情節向荷使嚴重交涉以符原議並盼見復為荷

附鈔件見月字第一千四百七十號附件不另鈔

發領銜和貝使照會 民國六年八月二十八日 力字第一四零四號

為照會事現在中國與德國立於戰爭地位所有在華之德國各銀行均已一律停止營業其行內各項財產均由中國政府派員接收保管惟北京德華銀行前於本月十四日由本部暨財政部派員會同貴領銜公使所派之員前往該行以其時行中無人祗將庫櫃全行封誌十六日各委員同赴該行督同該行大班愛格連將庫櫃封條揭去內中空無所有據該大班面稱所有該行完全財產清單並帳簿等項除抄錄一份寄存德京總行外悉已焚燬行中帳目已清惟有市面流通少數之鈔票可擔任照付等語

當經中國委員等面囑該大班將行中現有物件點交开趨編目錄俾點收後彼此各執一分為憑至清單張簿等焚燬情形須該大班詳函聲叙以便請示政府辦理該大班當允照辦詎十七日該大班竟翻前議拒絕不交查銀行一業於市面金融至有關係與他項營業不同當然由政府暫為收管各國與德宣戰後有將德國銀行沒收者亦有祗行收管者今中國如此辦法實與各國先例相符按諸海牙各約示無違背之處惟該行設置在使館界內按照條約未便由中國政府逕行派警前往強制執行相應照請貴領銜公使會商各國公使對於中國政府收管

德華銀行一事實際上予以協助俾便施行實深感紉並盼見復須至照會者

發財政部咨 民國六年八月三十日 力字第一千四百三十一號

為咨復事准咨開據王克敏等陳報接收德華銀行情形請向荷使嚴重交涉以符原議等因查此事本部已並據該員等陳明各情當經照會領銜荷使請其協助除俟得復再達外相應先行咨復貴部查照此咨

收和館問答 民國六年九月十九日

總長會晤和貝使問答

刁作謙卓思麟在座

保護德僑私產事

貝云日前貴國政府曾由丹國政府允許德國政府以駐華德僑之私產均一律保護今接德國政府來電據所得報告則中國並未踐約如接收德華銀行事是也此事誠不可辭德人聞之頗為不平以為中國並未守國際法例與他國無異本使之意以為中國無論何事均宜嚴遵國際法例庶足以自解

總長云中國政府並無違犯國際法之處即如接收德華銀行事銀行與國家有特別關係有不能不接收者

(二)派丁家立保管德華銀行房屋

收領銜和貝使照會	請令所派之員與丁家立君接洽	六九一月 一六七六
收中國銀行函	函知本行財設德華銀行總清理處業經成立	六九五月 一八二五
發財政部咨	和使復稱請令與丁家立君接洽	六九六月 一五二二
發領銜和貝使函	與丁君接洽該行仍不交等由地檢廳與丁君接洽辦理布查照	六九九月 一五四一
收德華銀行總清理處函	接收北京德華銀行房屋物件事	六十二九月 五七九〇
發領銜英朱使照會	請派員代管德華房產	六十二至力 二六〇二
收領銜英朱使照會	保管德華京行事	六十二六盈 一七五六
發德華銀行總清理處函	德華京行房屋已由使團派員保管	七二十協 四七八
收德華銀行總清理處函	裁減人員事	七三盈 三〇七七
收英館問答	德華經理事	七八十三

收德華銀行總清理處函　抄送本處委員調查德華銀行焚毀情形報告希查核辦理　七 十二 三十二 晨 五三一〇

收和歐使函　北京德華銀行房屋事　八 六 七 辰 六七二八　附件

收美館問答　德華銀行房屋事　八 十 九

收領銜英朱使照會　使館界内德華銀行房屋事　八 二十三 宿 六七三五

發財政部咨　駐京各使議次使館界内德華銀行房屋辦法咨請核辦　八 二十六 平 三九一九

收領銜和貝使照會民國六年九月一日月字第二千六百七十六號

為照復事關於保管使館界內之德華銀行一事本月二十八日接准貴總長來照本大臣閱後當即詢悉該行於清理賬目以後本月初間即已閉門所有該行前門鑰已交使館界內管理巡捕事務司丁家立君掌管所以中國政府如欲派員赴北京德華銀行前經辦公所居之地即請令所派之員向丁家立君接洽則丁君必能協助一切也相應照復貴總長查照可也

收中國銀行函 民國六年九月五日 月字第一千八百二十五號

逕啟者奉財政部令本總裁主辦德華銀行清理事宜茲就本總管理處附設德華銀行總清理處業於八月三十一日成立合行通知此致

發財政部咨民國六年九月六日 力字第一千五章一號

為咨行事案查德華京行大班抗拒接收事前准來咨請向和使嚴重交涉等因當經本部照會領銜和貝使請其會商各國公使於實際上予以協助並先行咨復查照各在案茲准該領銜公使復稱詢悉德華行於清理帳目以後本月初間即已關閉所有該行門輪已交由使館界內管理警務之丁家立君掌管中國政府如欲派員赴北京德華銀行前經辦公所居之地即請令所派之員向丁君接洽可也等因前來應如何辦理之處相應咨行貴部查照酌核辦理並見復可也此咨

發領銜和貝使函民國六年九月八日 力字第一千五百四十一號

逕啟者收管德華京行一事前准貴領銜公使照復稱可與使館界內管理巡捕事宜之丁家立君接洽必能協助一切等因旋經中國政府所派委員與丁君接洽後用該行總經理柯達士副經理愛格林仍不肯將銀行簿據物件交出業由政府委員聲請京師地方檢察廳依法辦理除由地檢廳按照向例與使館界內管理巡捕事務丁家立君接洽辦理外相應函請貴領銜公使查照可也

收德華銀行總清理處函民國六年十二月十九日
收德華銀行總清理處函稱接收北京
逕復者頃據北京德華銀行清理處函稱接收北京
德華銀行房屋物件正當辦法自以收回鑰匙派員
駐守為最妙但使館界內華人不能居留而柯達士
前有拒絕法人之言是接收一層或恐未易辦到當
與貴部章參事洽商擬由貴部照會公使團派員代
中國保管德華房產則於國家體面外交關係均可
圓滿解決斟酌至再彼此意見相同先由章參事商
承貴部長昨接章參事電話據云貴部長頗以為然
請由總清理處備文送部以便照會辦理章參事又
謂外交團大約仍委丁家立經管屆時再與丁君接

洽會同點查各物由丁君署名開具清單五份一存貴部一存柯達士一存總清理處其餘丁君與敝處各存一份以為證據等語據此相應函達貴部即希查照辦理此致

發領銜英朱使照會民國六年十二月二十一日
力字第二十六百零二號

為照會事查自中國與德國宣戰以來所有在華之
德國各銀行均已一律停止營業其行內各項財產
均由中國政府派員接收保管惟北京德華銀行前
因其開設在使館界內未便由中國政府逕行派警
強制執行曾由中國政府派員會同前領銜和國公
使所派之員前往接收在案茲該行房產物件亟須
派員保管以期妥慎相應照請貴領銜公使派員代
中國政府保管亟請轉知各國公使允照辦理實深
紉感仍布見復為荷須至照會者

收領銜英朱使照會 民國七年二月十八日 盈字第一千七百五
為照會事接收保管使館界內德華銀行一事准上 十六號
年十二月二十一日來文內提顧視現狀不如由各
國大臣派員代中國政府保管該行房屋云云當經
據情轉達各國大臣去後茲經擬定提出以美國使
館漢文參贊丁家立君充任此事查丁君乃使館界
事務公署之員并監督警察事宜現聞該行鑰匙業
已歸其佩帶合同照知即希查照可也

發德華銀行總清理處函　民國七年二月二十日　協字第四七八號

逕復者接准來函以據北京德華銀行清理處函稱
接收北京德華銀行房屋物件正當辦法自應收回
鑰匙派員駐守但按諸目前情形或恐未易辦到擬
請由部照會使團派員代中國保管德華房屋則於
國家體面外交關係均可圓滿解決等語請予查照
辦理等因前來業經本部照會領銜英朱使去後茲
准復稱此事經各國大臣擬定提出以美國使館漢
文參贊丁家立君充任此事查丁君乃使館界事務
公署之員并監督警察事宜現聞該行鑰匙業已歸
其佩帶等因相應函復貴處查照接洽可也此致

收德華銀行總清理處函　民國七年三月二十五日盈字第三千七十七號

逕啟者案查貴部章劉二參事前經本總處先後函約到處辦事碩畫長才深資倚重本總處不勝感佩現在清理事宜大段告竣各分處均經分別縮小或裁撤本總處亦已於三月十日移入財政部署事務比前較簡費用自應撙節除將處中人員實行裁減外所有貴部章劉二參事擬酌留一員以便遇有未盡事宜隨時接洽至應留之人業經函達貴部高次長請其酌定茲准高次長面稱仍留章參事在處辦事等語相應函請貴部查照希即轉知章參事照舊辦公並代達劉參事自四月起所奉津貼費擬即停

此本總處為節費起見致難兼顧諸希原諒是荷

收英館問答　民國七年八月十三日

總長會晤英朱使問答

交使總長英朱使問答

德華經理事

朱使云德華經理前因攜帶該行帳簿私逃貴政府

遍訪未得近聞該德人在北戴河留住應從速捕獲

遲恐又復他去

收德華銀行總清理處函民國七年十一月二十二日

逕啓者案查北京德華銀行前經敕處接收之後因該行係在使館界內未便自為保管當經貴部函致公使團公舉美使館參贊兼使館界內警察長丁家立君保管在案茲於本月十三日晚敕處聞德華銀行有被各國兵士焚毁情事當即派辦事員伍錫河前往調查據該員報告該行搗毁情形相應抄錄一份函達貴部查照至應如何辦理之處即希貴部察核辦理為荷此致

照抄伍辦員報告書

敬啟者十三日晚聞德華銀行有被各國兵士焚毀情事時因深夜不便往查十四日早連至該行門首已有美兵看守不准入內乃折往訪公使館界事務委員丁家立君同到美使署武官取得憑照一紙始得入內查勘按柯達士及其眷屬等原任該行現已逃避一空祗有華役數人仍任行內查得該行全行樓上樓下公事房帳房任室各處所有門窗破璃扇戶器具電燈等件悉行搗毀無一完整之物即嵌牆煤爐示撬倒於地保險鐵櫃雖然不能破壞亦以巨椎擊損外層至柯達士眷屬任處毀傷尤甚衣服床

帐等撕毁满地室家具尤无一完者东边楼上小房被火烧去大半间楼上公事房亦烧著地板二三尺帷库房铁门坚实未能撞入当时询据各华役云昨晚七时左右突有洋兵约百余人或夺门或越墙而入势极汹汹伊等不敢拦阻祗得尾随观看迨后见其救火即密报岗警入内救灭得未成灾直至二时左右始行散去现在击毁情形均未敢动柯太太乘乱避往德国医院云云旋往德国医院晤柯达士夫人据称柯达士约一星期前已赴西山收容所居住伊偕四子仍住行内向来相安无事不料昨晚七时半忽有多数兵士越墙或毁门窗而入内中以安南兵

為最多舉動亦最凶凶見物即毀嗣因逼近住所時
二子外出未旦不得已攜同二子及傭婦數人潛往
後園林中水亭越墻逃入東隣轉走本國醫院暫避
柯達士有一小箱內存現洋及鈔票約計三四千元
另有一小箱內貯金條珠釧鑽石等共值八千餘元
外並現洋一千餘元又有貴重皮衣及陳設之古玩
銀器能攜走者均被搶掠無遺其不能攜帶者悉被
毀壞價值餉尚未確計而傭婦之衣飾亦損失罄盡幸
身尚未摧辱等語是日復與丁家立君面晤擄云昨
日事出倉猝未及預防但當時各國兵士激於公憤
一時驟難制止 河謂前接收德華銀行本擬撥國自

行派員保管因礙於貴使館界內章程委託閣下代辦事既至此當籌善後辦法據稱一時實無辦法祇可隨後商議云云查德華銀行前經委託丁家立君代為保管茲既發生事端自應切實查明以便交涉茲將德華銀行被毀各情形謹就調查所得及與丁家立君接洽一切據實陳報應如何辦理之處敬祈核拖行此上
德華銀行總清理處台鑒

伍錫河謹上 十一月十五日

收和歐使函 民國八年六月七日 辰字第六千七百二十八號

逕啟者頃閱管理使館界內事務公署函內稱財政部有意將座落使館界內之德華銀行房屋租出等語查該銀行房屋所佔之地並非該銀行所有且此項房屋該銀行亦無完全所有權蓋地皮係一千九百零一年讓與德政府德政府租與該銀行訂有條件內云銀行在地上修蓋房屋在一千九百五十六年以後德政府自然應享完全所有權等語此項情形甚為複雜況北京之德華銀行亦不在清理之中在中德宣戰以前自行停止其營業若對於該銀行無完全所有權之房屋擬以處分別莫如稍稍從緩

以免枝節一俟和局大定則關於該銀行一切情形
自然可以清楚矣應請貴次長轉達財政部為荷此
頌
　日祉
　　　　　　　　　歐登科 六月六日

收美館問答 民國八年十二月十九日

德華銀行房屋事

丁云 徐恩元所組織之中美銀行租用東交民巷前德華銀行房屋一案聞此人正在反對本使以為此人殊無理由外交團擬於星期五日開會討論此事

收領銜英朱使照會民國八年十二月十二日宿字第六千七百三十五號為照會事財政部擬將使館界內前德華銀行房產租與中美銀行一事曾經轉達各國大臣酌核業於十一月二十一日正式開會一致議決以為應向中國政府提出辦法將該房產公賣或以拍賣或以標賣由中國政府指定一法行之經各國大臣同意由本日起至滿足一箇月後為出售之日云云相應備文奉達即希貴代理總長查照可也須至照會者

發財政部咨 民國八年十二月十六日 平字第三九一九號

為咨行事准領銜英朱使十二月十二日照稱財政部擬將使館界內前德華銀行房屋租與中美銀行一事曾經轉達各國大臣酌核業於十一月二十一日正式開會一致議決以為應向中國政府提出辦法將該房屋公賣或以拍賣或以標賣由中國政府指定一法行之經各國大臣同意由本日起至滿足一個月後為出售之日即布查照等因查使館界內德華銀行房屋現由駐京各使提出辦法究應如何辦理之處相應咨行貴部查照迅行核辦並見復可也此咨

(三)華人索欠案

收梁致和 呈	請求清償德華銀行欠債	八五三辰 六○三四	附件
發財政部咨	梁致和索償德華銀行存款請核辦見復	八五六平 一六三九	
收梁敦彥 呈	請求清償德華銀行存款	八五七辰 六○三二	
收梁敦彥 呈	請求清償德華銀行欠債	八五七辰 六○三三	附件
發財政部咨	梁敦彥索償德華銀行存款布核辦見復	八五七平 一六三八	
收財政部咨	梁敦彥等在德華銀行存款事	八六五辰 六六二七	
收駐和唐公使電	德華帳欵事	七五元	

401

收粱致和呈民國八年五月二十二日 辰字第六千三十四號

為歉國人民德華欠債請求迅賜清償事竊致和按普通商業存款辦法於西歷一千九百十六年即民國五年四月十三日存入德商北京德華銀行北京公砝足銀一拾五萬兩整按當日市價折合德金五十六萬七千馬克按年四釐行息旋於民國六年一年期滿即將應得利息加入本銀照數一併轉票仍存該行照舊生息又於西歷一千九百十六年即民國五年四月十三日存入德商北京德華銀行北京公砝足銀九千七百四十兩八錢六分按當日市價折合美金六千九百四十元三十六先士按年四釐

行息旋於民國六年一年期滿亦將應得利息加入本銀一併轉票仍存該行照舊生息均有存票單據收執茲查敵國人民欠外債務已蒙國務總理設局清償理合將致和歷年存在德華銀行以上兩項共計本銀北京公砝足銀一十五萬九千七百四十兩八錢六分一併開明存票數號款數及說明清摺具文呈請迅賜立案准將該行應償本銀及截至清償日止應得利息查照送次公布辦法一併清償以了債權實為德便除呈財政部及管理敵國人民財產事務局外謹呈

謹將致和名下存在北京德華銀行各款存票號數
款數並加說明開摺呈

核

計開

一梁致和名下北京德華銀行第二千零八十三號
長期存票一紙共德金五十八萬九千六百八十
馬克於一千九百十七年即民國六年四月十三
日起按年行息四厘

一致和按晉通商業存款辦法於西曆一千九
百十六年即民國五年四月十三日存入北京
德華銀行公砝足銀一十五萬兩整按當日市

價折合德金五十六萬七千馬克按年四厘行息旋於西歷一千九百十七年即民國六年五月二日將上年應得四厘利息加入本銀轉換新票共合德金五十八萬九千六百八十馬克仍存該行按年四厘生息均有單據可查合併聲明

一、梁致和名下北京德華銀行第二千零八十四號長期存票一紙共計美金七千二百十七元九十七先士於西歷一千九百十七年即民國六年四月十三日起按年行息四厘

一、查致和按普通商業存款辦法於西歷一千九

百十六年即民國五年四月十三日存入北京德華銀行北京公砝足銀九千七百四十兩八錢六分按當日市價折合美金六千九百四十元三十六先士按年行息四厘旋於西曆一千九百十七年即民國六年五月二日將上年應得四厘利息加入本銀轉換新票共合美金七千二百十七元九十七先士仍存該行按年四厘生息均有單據可查合併聲明

發財政部咨 民國八年五月二十八日 平字第一千六百三十九號

為咨行事據梁致和呈稱曾在北京德華銀行存有公砝銀十五萬兩按當日市價折合德金五十六萬七千馬克按年四厘行息於一年期滿後即將應得利息加入本銀一併轉票仍存該行照舊生息又另存該行公砝銀九千七百四十兩八錢六分按當日市價折合美金六千九百四十元三十六先按年四厘行息一年期滿亦將應得利息加入本銀一併轉票仍存該行照舊生息均有存票單據請予立案准將該行應價本銀及截至清償日止應得利息一併清償等因應如何設法取償俾該存款人債權不至

408

受損除原呈業據分呈不另抄送外相應咨行貴部
查照核辦并見復可也此咨

收梁敦彥呈 民國八年五月二十二日 辰字第六千三十二號

為敵國人民德華欠債請求迅賜清償事竊敦彥按
普通商業存款辦法於西歷一千九百十五年即民
國四年十二月十八日存入北京德華銀行天津行
平化寶銀十三萬七百零六兩七錢四分按當日市
價折合德金三十九萬八千六百五十五馬克五十
五分尼按年四厘行息旋於民國五年一年期滿即
將應得利息加入本銀一併轉票仍存該行照舊生
息均有存票單據收執茲查敵國人民欠外債務已
蒙國務總理設局清償理合將敦彥歷年存在德華
銀行以上款項共計本銀天津行平化寶銀十三萬七

百零六兩七錢四分開明存票號數款數及說明清
摺具文呈請迅賜立案准將該行應償本銀及截至
清償日止應得利息查照迭次公布辦法一併清償
以了債權實為德便除呈財政部及管理敵國人民
財產事務局外謹呈

謹將敦彥名下存在德華銀行各款存票號數款數

清單

並加說明開摺呈

核計開

梁敦彥名下北京德華銀行第二千零零七號長期存票一紙共德金四十一萬四千六百零一馬克七十八分尾於西歷一千九百十六年即民國五年十二月十八日起按年行息四厘

查敦彥按普通商業存款辦法於西歷一千九百十五年即民國四年十二月十八日存入北京銀德

商德華銀行天津行化平寶銀一十三萬七百零六兩七錢四分按當日市價折合德金三十九萬八千六百五十五馬克五十六分尾按年四厘行息徙於西歷一千九百十六年即民國五年十二月三十日將上年應得四厘利息加入本銀轉換新票共合德金四十一萬四千六百零一馬克七十八分尾仍存該行按年四厘生息均有單據可查合併聲明

收梁敦彥呈民國八年五月二十二日　辰字第六千三十三號

為敵國人民德華欠債請求迅賜清償事竊敦彥個人款項向在北京德華銀行存放往來嗣赴柏林居住經北京德華介紹總行代理一切款項敦彥在柏林時以北京公砝足銀五萬兩置有房地一處民國三年回國即將該房產交由該總行全權代理出售旋由北京德華銀行轉來報告該房產已售得價十四萬五千馬克已於西歷一千九百十四年即民國三年六月二十八日立契所有簽字收價均由該行完全負責並經該行與買主議定分期交款第一期應付價款三萬馬克其餘十一萬五千馬克分期交

付即自七月一日起按年四厘半息每季一交該買主無論何時亦可一次付清全價如至一千九百十九年後應付息金逾期八日不付或不將房地保險即可立追全數倘買主因事不能付款有房屋地基作抵並聲明房價本息全由德華銀行代理等語均有該行洋函收執為據其第一期應付之三萬馬克亞六月份息金四百三十二馬克二十分尾業據函告如期收到存在該行其餘仍照原議辦理以後因歐戰交通不便兹即對德宣戰是以未接來函兹查敵國人民欠外債務已奉公布清償理合具文呈請迅賜立案准將該行應償本銀及截至清償日止應

得利息一併清償以了債權除呈財政部及管理敵國人民財產事務局外謹呈

發財政部咨 民國八年五月二十八日 平字第一六三八號

為咨行事據梁敦彥呈稱曾在北京德華銀行存有津化銀十三萬七百零六兩七錢四分按當日市價折合德金三十九萬八千六百五十六馬克五十尾按年四厘行息訖於民國五年一年期滿即將應得利息加入本銀一併轉票仍存該行照舊生息均有存票單據又呈稱在柏林時以北京公砝足銀五萬兩置有房地一處回國時將該房產交由德華總行代理出售旌由北京德華銀行轉行報告該房產已售得價十四萬五千馬克亟議定分期交款其第一期應付之三萬馬克亟六月分息金四百三十二

馬克二十分尼業據函告如期收到存在該行其餘
因對總宣戰未獲來函請迅賜立案准將該行應償
本銀及截至清償日止應得利息一併清償各等因
應如何設法取償俾該存款人得以確保債權之處
除原呈業據分呈不另抄送外相應咨行貴部查照
核辦並見復可也此咨

收财政部咨民国八年六月五日辰字第六千六百二十七号

为咨复事准贵部咨两次间梁敦彦梁致和在德华银行存款本息应如何设法取偿等因查本部现办清理以银元银两为范围所有金币来往各帐目因与柏林总行有关故目下暂缓清理且北京德华银行所有帐簿存款均未移交清理更难著手该梁敦彦两项梁致和一项之款应归人民损失赔偿案内办理除另批示该具呈人梁敦彦梁致和知照外相应咨复贵部查照备案可也此咨

收駐和唐公使電民國七年五月二十九日

己德軍營及德華帳款事法使奉令向和交涉惟稱此事須中國提議由彼協助方合因屢次面詢曾否接到訓條復答以尚未接到可否電示此案經過情形復二十七日

(四)津浦川粤漢關係德華存欵

收陸總長電　津浦川粵漢等路索價單內德華存欠一項未便列入又德華清理處結算數目　八四十

發財政部函　陸專使電津浦川粵漢等路索價單內德華存欠一項未便列入又德華清理處結算數目　八四十四　平一二三七

收財政部函　津浦川粵漢等路在德華銀行存欠　八五一　辰五一三六

發交通部函　津浦川粵漢等路存欠德華欠項應否於索價單內除去希核復　八五七　平一三七

收陸總長電 民國八年四月十日

津浦川粵漢等路索價單內有在津德華銀行存款一項似應向中國德華清理處索取此項未便列入單內該清理處華德債務對抵清償後結算數目孰盈孰絀實數相差總共若干乞查確數電示亞轉告交通部祥之日第六號

發交通部函 民國八年四月十四日 平字第一千二百三十七號

逕啟者准陸專使電稱津浦川粵漢等路索償單內
有在津德華銀行存款一項似應向中國德華清理
處索取此項未便列入單內該清理處華德債務對
抵清償後結算數目孰盈孰絀實數相差總共若干
乞查確數電示並轉告交通部等因除函達財政部
外相應
函達貴部查照辨理可也
查取德華銀行清理處結算確數以憑電復
照見復以憑電復可也此致

收財政部公函民國八年五月一日 辰字第五千一百二十六號

逕復者准函稱准陸專使電稱津浦川粵漢等路索
償單內有在德華銀行存款一項似應向中國德華
清理處索取此項未便列入單內該清理處華德債
務對抵清償後結算數目孰盈孰絀實數相差總共
若干乞查確數電示並轉告交通部等因除函知交
通部外相應函達貴部查照希將德華銀行清理處
結算確數查明見復以憑電復等因查浦津路所存
天津德華銀行之款已由清理處將該款提出另為
存儲川粵漢所存漢口德華銀行已由清理處如數
清還路局似應於索償單內將此二款刪除惟事關

交通既由貴部函知交通部應由該部核辦至清理處華德債務對抵結算後當不至有所虧絀相應函復貴部查照核辦可也此復

發交通部函民國八年五月七日 平字第一三七七號

逕啓者前准陸專使電稱津浦川粵漢等路索償單內有在德華銀行存款一項似應向中國德華清理處索取未便列入單內等因業經本部分別函達貴部及財政部查照辦理各在案茲准財政部復稱津浦路所存天津德華銀行之款已由清理處將該款提出另為存儲川粵漢所存漢口德華銀行之款已由清理處如數清還路局似應於索償單內將此二款刪除惟事關交通應由交通部核辦等因前項津浦川粵漢等路存放德華銀行之款據財政部稱已由德華清理處分別存儲清還應於索償單內除去

429

相應函達貴部查核見復以憑電復可也此致

(五)德俘德商存欵

收和館問答	日本德俘攜存事	六十九
發德華銀行總清理處函	德俘攜存事希查明核辦見復	六十美夕二〇六七
收德華清理處函	德俘所存德華款項事	六十三月五五八
收德華銀行清理處函	德商逓信洋行攜存款事	六九八月一九八〇
收德華銀行總清理處函	請限制德人請攜存款事	六十四月三四二四
收德華銀行總清理處函	造送報告書事件	六十美月三八三四
收德華銀行總清理處擇署	具報各地德華銀行所存歐國政府機關欵項數目	七五元
收和貝使照會	對於德華銀行各項借欵息金抗議事	六十二月四二六
收和貝使照會	提議發治德奧各公司所存德華銀行欵項	六十二月五五三
收狄顧問說帖	德奧各公司所存德華銀行之欵項案	

收和館問答　商請展限交還德華銀行欵　×　十二三
收牙醫施合利函　項事　　　　　　　　　×　十二九　晨
　　　　　　　　德華銀行清理處限期索欠　　　五九〇九
　　　　　　　　請設法阻止

歧和館問答　民國六年十月九日

王景歧接晤和館卓通譯問答

日本德俘提取存款事

卓云青島戰事時日本所獲德俘中間有存款在各處德華銀行者中國政府允許其按日提取若干否

發德華銀行總清理處民國六年十月二十六日力字第二零六七號

逕啟者准和使署派員來部面稱青島戰事時日本所獲德俘間有存款在各處德華銀行者擬請中政府准其按月提取若干等因查前項德俘存款於德華銀行者共有幾人所存之款合計共得若干並應否按月酌准提用之處相應函達貴處查照希即通行各清理分處調查明確酌核辦理並聲復本部以憑轉致可也此致

收德華清理處函 民國六年十二月十三日 月字第五千五百五十八號

逕啓者案查十月二十六日准貴部第二五四號函開准和使署派員來部面稱青島戰事時日本所獲德俘間有存款在各處德華銀行者擬請中政府准其按月提取若干等因查前項德俘存款於德華銀行者共有幾人所存之款合計共得若干並應否按月酌准提用之處相應函達查照希即通行各清理分處調查明確酌核辦理並聲復本部以憑轉致等因當經本總清理處分函各清理處陸續開單函報前來除北京德華銀行無賬可查又天津清理處函稱轉請直隸交涉員查復

一俟復到再當函陳外所有漢魯粵三處日本德俘存款姓名數目用特彙錄清單一份函達貴部轉知和使查照至該存款之德俘應否按月酌准提用款項之處應按照敵國人請領月費辦法由和館轉知各該處交涉員會同清理處照章核辦可也此致

各該處日本德俘存款清單一份 內缺津滬附抄各處日本德俘存款清單一份 二處

收德華銀行總清理處函 民國六年九月八日 月字第一千九百八十號

逕啟者據京行經理面稱德商逸信洋行存有現款二千餘元應否支付之處希即核覆為盼此致

收德華銀行總清理處函民國六年十月十四日月字第三十四百十四號

逕啟者案據各地清理處造送德華銀行統計表現此陸續到齊約計該行存款為數無多將來以之抵還公私各久款尚虞不足查邇來德人請領存款不下十餘起雖經定有按照月需酌給辦法但德人存款甚鉅若不嚴定限制殊恐難以應付擬請貴部嗣後對於德人請提存款務乞查明實情隨時酌辦遇有數目稍多之款暑予限制以免為難并希將此情形轉飭各交涉員知照不勝至荷此致

收德華銀行總清理處函 民國六年十月二十六日

逕密啟者本年八月十三日奉財政部函開現在對德宣戰即將公布所有處置德華銀行方法業經議定亟須妥速施行應由部函委貴總裁速將京行按照議定法妥為處置亟委主持一切分電上海天津廣州濟南漢口各分行一律照辦除電致該省督軍省長轉飭財政廳長交涉員會同辦理外相應函請查照辦理等因奉此王總裁遵即率同北京中行經理伍錫河亟洋員裴洛德前○往接收北京德華銀行又分電委派津滬漢粵魯各分行經理偕同洋員接收各該地德華銀行亟先期商明英使密電津滬粵英

領委派人役先往該行監視一面復由外交部電飭特派員會同辦理竊查部頒處置德華銀行辦法先須查點賬目財產造成賬單統計表分別接收次須清理華人及非敵國人之債權債務手續甚繁自應別設機關以專責成當於八月三十一日就中國銀行內附設德華銀行總清理處以總其成並於津滬漢魯粵各中行附設清理處原派接收各該行之中行經理及洋員為各清理處辦事員業於九月五日呈報財政部奉有指令嗣於九月七日續奉財政部公函令將接收德華銀行各件詳造清冊迅速送部遵即疊次函催各清理處迅速接收該行賬目

財產造具賬單統計表從速報告各在案茲據各清理處將接收情形並統計表等先後造報前來經總清理處覆核數目高屬無訛惟正式簽字之財產單賬單統計表尚未寄來應俟到齊後再行呈請財政部查核竊念我國與德絕交已久戰問題數月前即已喧傳道路各地德華銀行早有所聞類皆著手防備如北京德行早將賬簿藏匿詐稱燒燬存款並皆無著廣州德行亦將主要賬簿藏匿不交尚幸此次辦理迅速上海德華總行以及津漢魯等處均能依照處置辦法接收而廣州清理處因無主要賬簿僅就補助賬盡力清理其補助帳是否與主要賬簿一

一相符尚難懸擬茲僅就各處接收情形造具報告
書一份亞鈔錄各該行統計表賬單及實在存欠款
目清單共九份送請貴部察核現在接收德行事宜
大概可告結束以後便當著手清理疊經總清理處
辦事人員暨經手接收各洋員查核該行現款總數
以之抵還華人及非敵國人之存款亞敵國人請領
日用必需之費就現狀論尚可相抵至該行放出之
款及與各商號往來透支之款多有物品抵押屆期
再行設法收取用特擬定清理德華行辦法一併函請
貴部核定迅復施行此致
計開

報告書一份
清理德華銀行辦法一份
存款敵國人請領月費辦法一份
各處德華銀行實在存欠款目清單一份
統計表五份
德華銀行存欠一覽表二份
德華銀行鈔票一覽表一份

清理德華銀行辦法

(一) 總綱

第一條 清理德華銀行事宜由德華銀行總清理處商承外交部財政部督飭各清理處會同交涉員及地方行政官廳辦理

第二條 此項清理範圍以就設在中國各地之德華銀行對於華人及其他國人債權債務為限華銀行對於華人及其他國人債權債務不在清理範圍之列

第三條 敵國人之債權債務不在清理範圍之列惟於在該行存有銀兩銀元款項之敵國人因生活之必要得酌給量予日用必需之費其辦法另行規定

(二) 清理之程序

第四條 各地德華銀行自清理處完全接收其財產賬目後由總清理處定期通飭各清理處開始清理

第五條 各清理處支付各項存款應以銀兩銀元存戶為限其餘金幣存戶由總清理處酌核後再行辦理

第六條 自開始清理之日起各清理處應儘三個月內將所有存欠各款清理完畢其未能清理完畢者應照十三十四兩條分別辦理

第七條 償還債務應儘各該行現存款項支給但

各行現款贏絀不一應由總清理處通盤籌劃酌盈劑虛移撥抵充

第八條 各該行現款不足償清全部債務時應視各該行所有現款之多寡平均規定支付之成數

(三) 對於各存戶之辦法

第九條 總清理處應在德行所在地各報廣登告白通知協約國人中立國人及華人在德華銀行存有定期存款往來存款及持有德華票據者於登報日起一個月內在各地清理處掛號以便定期照章付款

第十條 各清理處於掛號期滿後應先將業經掛

號之各存戶儘兩個月內悉行支付

第十一條 該行賬簿漏未登載之存戶本處因收列其掛號書始行發見者若查有確據仍當補列與各存戶一律待遇

第十二條 各存戶存款之利息無論到期與否一律截至八月十四日為止

第十三條 各存戶如在掛號滿期後始來掛號者應儘所有在期內掛號之存戶付訖後再行按照

(四) 對於各欠戶之辦法
所有現欵勻攤辦理

第十四條 總清理處應在德行所在地各報廣登

告白通知各欠戶(不問國籍)由登報日起一個月內將欠款還清其期滿不能清還者由各清理處察看情形具報總清理處核准辦理

第十五條 如有抵押品之欠戶到期尚未清還其債款或竟無清還之能力者應由各該清理處具報總清理處酌量處分其抵押品

(五)寄存物件

第十六條 華人或外國人寄存該行之物件欲取囬者須由各該清理處會同交涉員分別具報外交部及總清理處核定辦理

第十七條 經外交部及總清理處核准取囬之寄

存物件應由各該清理處會同交涉員詳細驗明確無違禁物及戰時禁制品方准領回

(六)附則

第十八條 所有關於清理德行事務各項費用應由德行存款項下開支

第十九條 各清理處於支付存款以前應將左列各款先行提出

(甲)德行尚在市面流連鈔票之兌換準備金額

(乙)各清理處辦事員及留用德行人員之薪俸及津貼

(丙)雜項開支

第二十條　各清理處應隨時將清理情形報告總清理處遇有重要或疑難之處報告總清理處核定辦理

第二十一條　該行清理所餘之現款由該清理處保存聽候總清理處處置

第二十二條　此項清理德華銀行辦法所載遇有未盡事宜應由各清理處隨時具報總處核定辦理

一　在德華銀行存有銀兩銀元款項之敵國人因無別項進款致難存活者得呈報特派員請給日用必需之費

二　特派員接到前項呈請應通知清理處會同查明下列各款之情形

（甲）該敵國人存款之數目利息

（乙）該敵國人在中國他銀行有無別項存款

（丙）該敵國人家族人口若干

（丁）該敵國人貧富之情形

（戊）該敵國人平日生活之程度

三　存款之敵國人請提目用必需之費每月不得過左列之數

(甲) 有妻者　三百元

(乙) 未婚者　二百元

(丙) 小兒每一人加五十元

以上各項自以德奧人民之在中國居住者或為俘虜在日本者為限

四　特派員及清理處向請求提款之敵國人查明第二款所列各項情形酌擬准駁分別具報外交部及總清理處核定照辦

五　特派員及清理處認為應給月費者應就所查情

形並此較第三款所定限制酌擬按月給予數目
一併具報備案核定照辦
六經外交部總清理處核准領費之敵國人應由清理處查對賬單及簽字筆跡確係存戶方可給予
七請領月費之敵國人即於其存款項下按月扣除以存款扣盡或該行並無現款可以支付時為止
八敵國人所設立公司洋行之存款不得請領
九敵國人慈善事業之存款由特派員及清理處查明該款確為慈善事業之用分別具報外交部及總清理處核准支給
十凡在留用期間內之總行人員准其照常支薪其

餘各行員仍按照第三條辦理

查各處德華銀行實在存欠款目清單

查此次清理德華銀行辦法擬但就該行現存之款
清償其一部份之債務並非完全結束故對於該行
賬單所列各款實際上須分別辦理茲參合各處清
理員所陳意見開列實在存欠款目以便將來著手
清理時依此辦理用特繕具清單呈請

察核

計開

一上海
　現存款項
　　存銀存中行　　　　　　一百四十萬兩

又存德行大庫荷
又德行現館項下
蘭使項存
一萬二千兩
又存於大庫現銀洋四
十七萬五千元
三十四萬兩
又存於大庫現存銀
七十七萬三千兩
二百四十

應還乙上共計現存銀
二百四十

欠各項
欠鹽務款 約一百零七萬兩
欠鐵路款 約三十二萬兩
欠善後借款 約三十二萬八千兩
備付存戶 約七十五萬兩
以上約計應還欠款二百四十六萬八千兩
存欠相抵約計餘銀五千兩

二漢口
　現存款項
　　存銀　　　　　　　　二千兩
　應還各項
　　欠款銀兩往來賬　　　約八萬兩
　　又銀元往來賬洋　　　約五萬三千兩
　　又銀兩定期存款　　　約三萬四千兩
　　又銀元定期存款　　　約一千兩
　以上約計應還欠款一十六萬八千兩
三廣州
　存欠相抵約計不敷銀一十六萬六千兩

現存款項
存銀元現金　　四十一萬元
又銀磚　　　　九千四百六十二元
以上共計現存銀元四十一萬九千四百六十二元
應還各項
欠款定期存款　約六萬五千元
又　　　　　　約二萬九千五百元
以上約計應還欠款九萬四千五百元
存欠相抵約計餘銀元三十二萬四千餘元
折合銀二十一萬六千餘兩

四濟南
現存款項
存銀現金一萬一千一百八十五兩九錢五分

應還各項
欠款定期存款 約一萬兩
又往來存款 約一千四百餘兩
以上約計應還欠款一萬一千四百餘兩
存欠相抵約計不敷銀二百餘兩

五天津
現存款項

存款現金　　二萬二千零七十七兩一錢四分

應還各項

欠款定期存款約二十三萬五千餘兩

又往來存款約二十餘兩

以上約計應還欠款二十三萬餘兩

存欠相抵約計不敷銀二十一萬餘兩

以上五處存欠相抵外約計不敷銀一十六萬餘兩

就中如天津濟南二處欠款僅就清理員報告所列數目其中不皆係應還之款入放款及透支之款未經列入單內將來當有可以設法收回者就現狀論似可相抵當俟著手清理時實行計算如尚不敷當

按照現款之多寡平均清償合併聲明

收德華銀行總清理處摺畧 民國七年五月二十九日

具摺畧德華銀行總清理處前奉面諭查明各地德
華銀行所存敵國政府各機關款項數目開單具報
等語當經本總處分電各清理處詳查迅覆除北京
德華銀行營業早停且未將帳簿交出無從查考又
廣州一處因密電不通改從快郵往返需時擬俟覆
到再行具報外其餘滬漢津濟四處均已先後具覆
前來查天津濟南兩處德華銀行據該清理處查明
並無敵國政府各機關存款惟漢口德華銀行存有
銀七百餘兩洋一萬三千餘元至上海德華銀行對
於敵國政府各機關往來賬目甚繁大抵存少欠多

兩者相抵尚欠德行款項為數頗鉅茲謹將漢口上
海兩處德華銀行對於敵國政府各機關存欠款項
數目開具清單呈請鈞鑒再查漢口德行雖存有敵
國政府各機關款項但清理處所接收該行之現金
為數無多嗣當開始清理之時尚係上海德行撥款
接濟合併聲明

計開

漢口德華銀行對於敵國政府各機關存款帳單
銀兩帳

漢德領事館 訟費預支賬 存銀六十八兩七錢

Deutsches Konsulat, Gericht Kosten Vorschuss Konto

465

Deutsches Konsulat Ying-kaiang Cto.

漢德領事館營廠賬　存銀一十五兩三錢

Deutsches Konsulat, Canto "B"

漢德領事館第二賬　存銀三十八兩八錢八分

Deutsches Konsulat, Shanghai Tach Claim &c.

漢德領事館賠償革命損失賬　存銀一兩九錢七分

S.M.S. "Iltis"

德國砲艦　存銀三十一兩九錢四分

S.M.S. "Jaguar"

德國砲艦　存銀一十七兩一錢四分

Deutsches Konsulat, Changsha, Wergtalgaben Cento.

長沙德領事館碼頭捐賬 存銀六百一十二兩九錢五分

共存銀七百八十六兩八錢八分

銀元賬

Deutsche Gemeinde

漢口德國工部局 存洋三百九十五元四角六分

Deutsches Konsulat, Hankow.

漢口德國領事館 存洋一萬一千一百三十元零四角四分

Deutsches Konsulat, Itchang.

宜昌德領事館 存洋一百六十三元六角

Deutsche Konsulat, Hankow, % Qing-hsiang

漢口德領事館萍薌賬 存洋五百八十元零五角九分

Deutsches Konsulat, Hankau, Gericht kosten Vorschuss eto.

漢德領事館 訟費預支賬　　存洋五十七元七角六分

Deutsches konsulat Changshay weytalgaben Canto.

長沙德領事館 碼頭捐賬　　存洋五十四元五角六分

S.M.S. "Tiger"

德國砲艦　　存洋一十八元五角五分

S.M.S. "Vaterland"

德國砲艦　　存洋一十六元六角四分

S.M.S. "Jaguar"

德國砲艦　　存洋一千四百四十八元七角七分

共存洋一萬三千八百六十六元三角七分

上海德華銀行對於敵國政府各機關存欠結餘賬單

Kaiserlich Deutsches General Konsulat Shanghai.

存銀 六千一百七十六兩五錢七分

上海德國總領事署賬

欠銀 十二萬四千二百九十一兩

欠洋 四萬十七百七十六元九角八分

Kaiserlich Deutsches Konsulat, Chungking.

存銀 一百五十八兩七錢八分

重慶德國領事署賬

欠洋 一萬零七百六十三元二角一分

成都德國領事署賬　存洋二百五十七元九角九分　欠洋四千八百六十一元零三分
kaiserlich Deutsches konsulat, Changta

南京德國領事署賬　存洋四百三十四元六角
kaiserlich Deutsches konsulat, Nanking

雲南府領事署賬　欠洋五千七百十五元三角四分
kaiserlich Deutsches konsulat, Yuenanfu

kaiserlich Deutsches konsulat, Swatow.

汕頭德國領事署賬
存洋九十一元四角九分
Kaiserlich Deutsches Konsulat, Haikow,
海州德國領事署賬
欠洋七千九百十一元三角五分
Kaiserlich Deutsches Konsulat, Chefoo.
烟台德國領事署賬
欠洋一千三百八十四元五角三分
Kaiserlich Deutsches Konsulat, Mukden
奉天德國領事署賬
欠洋二千六百四十四元九角九分

kaiserlich Deutsches Konsulat, Amoy.
厦門德國領事署賬
欠洋二千七百四十七元一角二分

kaiserlich Deutsches Konsulat, Amoy.
欠洋九千五百五十五元三角五分
欠洋五千七百七十二萬元零六分
欠銀一萬零一百五十二兩九錢三分

kaiserlich Deutsches Konsulat Itchang
宜昌德國領事署賬
欠洋一千三百八十三元九角二分

auswaertiges amt, Gehalts-Einlages ungs konto.
欠洋二千七百六十一元九角

Kaiserlich Deutsches Gesandtschaft, Peking.
北京德國公使館賬
欠洋三千零三十八元五角五分

Reichsmarineamt,
欠洋二十元

Kaiserlich Deutsches Postamt,
德國郵政局賬
欠洋六千一百四十九元九角九分

K. K. Oesterr. Ungar. general konsulat, Shanghai,
欠洋一萬六千六百六十五元

S. M. S. Kaiser Franz Josef,

存洋二十元零八角
共存銀六千三百三十五兩三錢五分
共存洋八百零四元八角八分
共欠洋十二萬六千一百五十一元三角二分
存欠相抵外共欠銀十二萬八千一百零八兩五錢八分
存欠相抵外共欠洋十二萬五千三百四十六元四角四分
中華民國七年五月二十九日

收貝使照會民國六年十一月二日　月字第四千一百十六號

和

為照會事所有應付德華銀行各項借款息金中國政府均未照付前本大臣提出抗議上月二十四日接准貴總長復照稱中德自宣戰後所有以前與敵國所訂各項合同條約已均歸無效其按期應付敵國銀行之各項借款息金本國政府當然一概停付等因本大臣披閱之間深為詫異甚不明曉與外國政府締結合同及與外國銀行所訂借款二事有何關係中國政府宣戰時雖宣言與德奧兩國所訂各項合同條約均歸無效惟中國對於人民營業如德華銀行不在戰事把位故所有與德華銀行所訂合

同雖已宣戰毫不失其效力應請貴總長查閱海牙所訂陸戰條規所附章程第二十三條特別禁止將敵國人民各項權利及債權宣告廢止或停止於法律上無效此後中國政府將各項借款按期應付之息金概不照付此項舉動無論何國各該持票人均受損害不但中國在外國信用自然深受影響亞且與國際公法萬難符合因此本大臣應即嚴重抗議並應責成中國政府擔任賠償各該關係人因此舉動所有貴用損失利益等項相應照會貴總長查照可也須至照會者

收和員俄照會民國六年十二月十二日 月字第五千五百五十二號

為照會事中國政府對於德華銀行之行為違反國際公法之原則並其專條前不得已向汪前總長屢次指明甚為可惜至今雖未得有答復而仍望所抗議者有效中國政府再加斟酌所擬清理該私人銀行自然停辦現所應請貴總長注意者係德奧各公司在德華銀行所存之款項該管官違法不肯發給除各該公司內有數家因不發款處於困難地位日久則對於所雇用之人並對於其債權之人均不能履行其責任姑不具論外此項靳不發款之舉動實屬橫悠無理違背公法毫無疑義萬不能藉辭以解

所以本大臣一經提及此事諒貴總長即可設法使此項侵犯最為單純私法上之關係且違反海牙條約專條之無理態度停止蓋干涉私人銀行對其存戶所有之責任及發還或活期或定期所存款項擅自分別對待德華銀行各債權者中國政府萬不能虛想有此權力相應照會貴總長並希見復為盼須至照會者

譯狄顧問說帖　德奧各公司所存德華銀行之款項案

一千九百十七年十二月十日和館來文對於德華銀行清理處不允付給德奧各公司存款一事力加抗議畧謂有數家因不發款處於用難地位此項舉動實屬違背國際公法云云研究本案之前提有二

（甲）清理處之責任問題清理處若係按照章程及中央指示辦理則拒絕付給存款為其職權所在決不負何等責任關於此案部中僅以一種領費章程見示名曰「存款敵國人請領月費辦法」就該章程內容詳究之似為清理處應否付給敵僑月用必需之費之一種解決辦法惟據該章程第八條載稱「敵國

人所設立公司洋行之存款不得請領就此條文觀之似清理處不得按照第三條將日需必需之費付給敵商其用意似在似為阻止接濟敵商經商之資財之計

前稱章程條請領月費專條當另有一種處置敵商普通章程良以一般敵國人民之經商權可決其未曾全被削除也

(乙)中政府禁止付給敵商存款是否為違背國際公法之問題

一國交戰時當然有禁止敵人在其境內經商之權並得禁止本國人民與敵通商據此則對於荷館之抗議可主張如下國家既得停止敵僑商

業則種種取締敵商辦法當然亦得自由施行不令清理處付給敵商存款者即一種之取締辦法也顧鄙人以為仍須由鄙咨請收管德華銀行之財政鄙將所定詳細辦法送鄙以便參考

收和館問答 民國七年十一月二十三日

劉錫昌會晤和館卓通譯問答

商請展限繳還德華銀行款項事

卓云德華銀行清理處日前發布命令凡欠德華銀行款項者限於十二日內繳清貝公使以此種限期對於欠大款項之人時期過促應請設法展長期限

錫昌云能否設法展限容俟回明部長核辦

收牙醫范合利函民國七年十二月九日 晨字第五千九百九號

敬呈者接准德華銀行清理處函囑將前借該銀行之款四千五百六十八元零五分准期十日內清還亞謂在限期內如不清付則採用法律手續索償云云鄙人地步有不得不向貴總長陳明者竊以為該銀行既不能將現存柏林德華總行之抵押繳還鄙人該銀行不應討價債務且正值兩方戰團體戰之際即處戰爭時代海牙會條約亦子平民私產以完全保障鄙人是以對於此不公平之事極力抗議亞懇請貴總長設法阻止此種無人道不公平之待遇設若中國政府不體念上開各節仍持清還之意則

事當再酌核辦理而已區區苦衷伏乞貴總長諒之

謹呈

外交總長鈞鑒

一千九百十八年十一月三十 施合利

(六)和公使抗議

收和貝使照會		六 八 千 月 一五一
發和貝使照會	德華非國有銀行請轉飭撤消違約收管之舉	六 八 云 力 一四〇五
收和貝使照會	德華銀行事	六 八 云 力 二二三
發和貝使照會	抗議收管德華銀行事	六 九 十 月 二二三
收和貝使照會	收管德華銀行事	六 九 宝 力 一六九五
收國務院函	抗議清理德華銀行事	六 十 七 月 四二〇八
收和貝使照會	英人對清理德華銀行意見函請查明見復	七 十 六 晟 五一七七
收和貝使照會	抗議清理德華銀行事	七 十 六 晟 五一七八
收和貝使照會	關于清理德華銀行事再行抗議	六 十 二 至 月 四九四三

收和貝使照會民國六年八月二十日 月字第一千一百五十二號

為照會事查中國與德國入於戰爭狀態後各處當局佔據德華銀行各總分行並收取各行內所存之銀錢及各代價品此項舉動本大臣不能不嚴重抗議且因閱看本月十四日在外交團領銜資格內接准貴總長來照此舉似係遵照財政總長之命令查中國政府曹經確實聲明戰爭期間擬遵守海牙各條約所以本大臣應問貴總長陳述尊重私有財產乃係各該條約內最要之一原則何以於是日早間聲明遵守條約晚間即與該條約大相違背或者財政部誤以該銀行為德國國家所有殊不知該銀行

純係私有盡人皆知與德國國家毫無財政關係應
請貴總長轉飭該管官員立將此項違法之舉撤消
並將各該行收取之財產盡行交還為盼須至照會
者

發和貝使照會 民國六年八月二十八日 力字第一四零五號

為照會事接准照稱中國各處當局佔據德華銀行各總分行並收取各行內所存之銀錢及各代價品此項舉動似與中政府所聲明遵守海牙各約不符且該銀行純係有與德國國家毫無財政關係請速飭撤銷並將收取之財產發還等因本部查德華銀行是否純屬私家財產性質姑不具論惟銀行一業於市面金融至有關係與他項營業不同此次我國與德奧兩國立於戰爭地位所有歐國銀行自應停止其營業由政府派員接收保管且查各國與德宣戰後有將德國銀行沒收者亦有祇政府管者今

中國如此辦法實與各國先例相符按諸海牙各約亦無違背之處來照抗議各節本政府不能承認相應照復貴公使查照可也須至照會者

收和員使照會民國六年九月十一日月字第二千一百二十三號

為照會事收管各處德華銀行各總分行及其財產一事上月十八日照會貴總長抗議在案二十八日接准貴總長覆照稱查各國與德宣戰後有將德國銀行沒收者亦有祇行收管者今中國如此辦法實與各國先例相符按諸海牙各約亦無違背之處等因查各國與德宣戰德俊將德國人所立之銀行是否實行沒收收管本大臣亦不得其詳意以為未必皆然假如各國如此辦理亦不能用此非法而即以為合法自古以來各國外交平安時代或戰爭時代往往有違背國際公法之舉動其亦引此甚可痛惜也之

先例作為正義而致茲此等理解似不以國際公法為標準而以違背公法為繩試觀海牙各條約之原則辦法係尊重私人之財產中國政府對於總華銀行此項辦法實與該條約之原則相背本大臣不能不仍持抗議該銀行因此舉動受種種損失及發生各項費用應責成中國政府賠償相應照會貴總長查照可也須至照會者

發和貝使照會 民國六年九月二十五日 力字第一六九五號

為照會事收管德華銀行一事接准本月十日照稱
海牙各條約之原則無非係尊重私人之財產中國
政府對於德華銀行此項辦法實與條約之原則相
背等因本部查銀行營業於市面金融至有關係此
次我國與德奧兩國立於戰爭地位所有敵國銀行
自應停止其營業由政府派員接收保管理各節已
於前次去文切實聲復在案德華銀行尚有種種陰
謀人言嘖嘖不為無因且中國如此辦理按諸海牙
各約實無違背所有來文一再抗議各節本政府仍
碍難承認相應照復貴公使查照須至照會者

收和貝使照會 民國六年十一月七日 月字第四千二百八號

為照會事現聞京內設立清理德華銀行事務處且該清理處擬定請財政部核准之辦法前數日各報業已登載查中國政府對於德華銀行之行為屢次照會貴總長請查末次九月十日去函前照所稱各節已甚詳細毋庸再贅惟不能不再嚴重交涉此項行為純有違法之性質中國政府如實出清理此項民人營業之舉動即冒重大惡果之險不但又與國際公法大背而且本大臣項得德國政府電報稱德華銀行及其他在華所有德國民人之營業因中國政府對其所出之舉動所發生種種損失應責成

中國政府擔任完全責任云云相應照會貴總長查照可也須至照會者

收和貝使照會民國六年十一月二十七日月字第四千九百四三號

為照會事關於清理德華銀行一事本月六日照會貴總長在案茲各報紙如京津時報登載廣告內有財政外交二部令清理設在中國各地之德華銀行云云現將該廣告剪下附送即希貴總長注意查中國政府宣戰時復行特別宣言遵守國際公法之規定則此項清理舉動實有違反之處本大臣自應提出嚴重抗議然所抗議者不僅此也查開戰以來德國政府之行動以海牙所定陸戰時保護敵國人民私人財產之條規為準繩不但德所侵佔之地㘯內民且在德國本境內均如此辦理中國政府毫未體

量及此迫敵國政府先發倡首對於德國開一經濟戰事德國政府不得已始傚行之如敵人對於其權力所及之境界內敵國私人財產出種種舉動如有必要之時德國政府亦出同類舉動以報復之凡在德所有敵國私人財產除有報復外其餘並不加以強迫之處置現接到德國政府函稱在德所有國私人財產向亦視為不可干涉惟聞中國政府對於德華銀行之行為首先傳來各種消息似中國政府對於在華之德國私人財產竟自擬有種種舉動府果然如此中國政府即係違反國際公法德國政府自應提出嚴重抗議並應聲明德國各關係人所受

之損失應責成中國政府擔負賠償責任德國政府預計將來亦可擇其相當之舉動以為報復等語本大臣甚信貴總長再加斟酌後中國政府不幸入於述遂即翻然變計改歸正路也中國政府與德斷交時頗以尊重國際公法自豪能明曉此次戰事無論勝負誰屬總以按照當初所宣言切實遵守海牙條約之規定為中國將來有孟之重大關係本大臣有厚望焉相應照會貴總長查照並希早日見復為盻須至照會者

收國務院公函民國七年十一月十八日晨字第五千一百七十七號

密啓者據有人報告英人對於我國意見謂戰事即有結束中國如不能於參議方面實行數事將來和會內其恐難助即如停閉德華銀行事在天津者辦理殊妥而在上海者有名無實難為滿意再德僑一層雖定房山為拘留所而重要之人仍逍遙於外迭見郵政檢查員所呈檢出在華德僑信件其中多言中國定章雖密仍有法混避意頗自得等語所陳各節辦理情形完竟如何相應函請貴部詳切查明見復可也此致

收和貝使照會 民國七年十一月十八日 晨字第五千一百七十八號

為照會事關於在北京設立中國各地方之德華銀行總清理處一事本大臣已經於上年十一月六日及是月二十六日照會貴部內開各項清理該私立銀行之舉動極為違背中國政府宣戰時特別宣言遵守國際公法之規定再上年十一月二十六日去照內提出開戰以來德國政府之行動以海牙規定陸戰時保護敵國人民私人財產為標準且徐有報復必要之外對於在德國所有敵人私有財產並不加以強迫之處置云云彼時雖經本大臣嚴重抗議而德華銀行清理處繼續實行其違反國際公法之

舉動有時其所有舉動較外國銀行對於敵僑所有
舉動更為烈害如在上海並未有一外國銀行對於
所有在中國之德國負欠者施行強迫之舉動即所
欠利息亦不要求其償還而德華銀行清理處則要
求之再如在倫敦香港清理德華銀行則由該行經
理及行員助理之而在中國銀華銀行清理處置該
行經理於不顧在中國官員以下因辦理必要之時
僅留該行行員幾人幫理查現已停戰人人喜戰事
終了而德華銀行清理處有各種新發生違法舉動
本大臣甚為詫異此項舉動不但損害中國政府名
譽而且後來中國政府有重大賠償之責任當初中

国当局确准上海德华银行经理及行员住在该行院内今无故逐出并无工夫另在他处觅居且德华银行清理处现设法强迫德国负欠者在此甚不便利期间还所欠该行之款察看现在情形而有此等举动不但违法且各良善之人不能不议论其行动之非所以本大臣一经提出此事谅贵总长必能设法由中国政府迅饬德华银行清理处取消此等可恶之举动相应照会贵总长查照可也须至照会者